almanaQue

CORTES E RECORTES DA HISTÓRIA DA TERRA PAULISTA

São Paulo, 2005

GOVERNO DO ESTADO DE
SÃO PAULO
RESPEITO POR VOCÊ

Governador **Geraldo Alckmin**

SECRETARIA DE ESTADO DA EDUCAÇÃO

SECRETARIA DE ESTADO DA EDUCAÇÃO

Secretário de Estado da Educação	**Gabriel Chalita**
Secretário-Adjunto	**Paulo Alexandre Barbosa**
Chefe de Gabinete	**Mariléa Nunes Vianna**
Coordenadora de Estudos e Normas Pedagógicas - CENP	**Sonia Maria Silva**
Diretor Executivo da Fundação para o Desenvolvimento da Educação - FDE	**Tirone Chahad**
Chefe de Gabinete	**Luciano Pereira Barbosa**
Diretora de Projetos Especiais	**Leila Rentroia Iannone**

CENPEC

CENTRO DE ESTUDOS E PESQUISAS EM EDUCAÇÃO, CULTURA E AÇÃO COMUNITÁRIA

ALMANAQUE TERRA PAULISTA - Jovens

Coordenação geral	**Maria Alice Setubal**
Concepção e Coordenação técnica	**Idéias Consultoria em Educação** **Marta Wolak Grosbaum** **Lidia Izecson de Carvalho**
Supervisão de conteúdo	**Paulo César Garcez Marins**
Pesquisa iconográfica	**Carlos Eduardo Silveira Matos** **Lídia Izecson de Carvalho** **Marta Wolak Grosbaum** **Lierka Felso**
Edição de textos	**Carlos Eduardo Silveira Matos** **Lídia Izecson de Carvalho** **Marta Wolak Grosbaum**
Texto de abertura e fechamento	**Valderez A. da Silva**
Ilustrações	**Beto Uechi**
Projeto gráfico e arte final	**Estúdio Girassol** **Beth Kok** - coordenação de arte **Esperanza Sobral** - diagramação e editoração eletrônica

C389a

Centro de Estudos e Pesquisas em Educação, Cultura e Ação Comunitária

Almanaque: cortes e recortes da terra paulista / Centro de Estudos e Pesquisas em Educação, Cultura e Ação Comunitária - São Paulo : CENPEC, 2005.

104p. - (Coleção Terra Paulista - Jovens, 11)

ISBN nº 85-85786-52-3 (ISBN do título)
ISBN nº 85-85786-51-5 (ISBN da coleção)

1. História - São Paulo (Estado) I. Título

CENPEC

Centro de Estudos e Pesquisas em Educação, Cultura e Ação Comunitária
Rua Dante Carraro, 68 – 05422-060 – São Paulo – SP – Tel.: (11) 2132-9000
www.cenpec.org.br info@cenpec.org.br

SECRETARIA DE ESTADO DA EDUCAÇÃO

Secretaria da Educação do Estado de São Paulo
Praça da República, 53 – Centro – 01045-903 – São Paulo – SP – Tel.: (11) 3218-2000
www.educacao.sp.gov.br

almanaQue

CORTES E RECORTES DA HISTÓRIA DA TERRA PAULISTA

Realização:

CENPEC

SECRETARIA DE ESTADO DA EDUCAÇÃO

GOVERNO DO ESTADO DE SÃO PAULO RESPEITO POR VOCÊ

Apoio:

Instituto Votorantim

UNESCO

Fundação Itaú Itaú Social

imprensaoficial

apresentação

Você já leu algum almanaque? Os almanaques faziam enorme sucesso até algumas décadas atrás. Eles costumavam apresentar um calendário completo do ano e uma porção de informações, anedotas, curiosidades científicas, poemas, receitas culinárias. Traziam, enfim, uma mistura de coisas que agradava a quase todo tipo de leitor. Com o passar do tempo e com o desenvolvimento dos meios de comunicação, como o rádio e a TV, os almanaques acabaram perdendo espaço e sendo vítimas de um certo preconceito. Assim, passou-se a denominar de "cultura de almanaque" um conhecimento superficial, incompleto, fragmentado.

Este almanaque pretende apresentar a você alguns fragmentos da história paulista que poderão enriquecer e dar mais sabor à leitura dos textos da coleção Terra Paulista, pois todos os temas são aqui expostos de forma divertida, por meio de notícias, charges, anúncios, piadas.

A palavra *al manakh* é de origem árabe, e uma das interpretações para seu sentido é "lugar onde descansam os camelos", ou seja, o pouso das caravanas, onde se ouviam os contos, as narrativas, as novidades. Assim, é este o convite que fazemos a você: venha conhecer e reconhecer alguns aspectos de nossa história e as maneiras de viver que foram encobertas pela poeira do tempo.

Bom divertimento!

Dois dedos de prosa...

Este é um almanaque diferente. Ele não está preso ao ano ou à década em que está nascendo. Ao contrário, abre-se como uma janela muito ampla ou como um longo caminho para outros tempos, outras vidas, outras realidades. Na verdade, ele constitui uma viagem através dos cinco séculos de uma grande aventura. A aventura dos homens e das mulheres que deram forma, jeito e vida a São Paulo. Abre-se a um vasto mundo que se esparramou para dentro do litoral da antiga vila de São Vicente e para além da pequena aldeia fundada pelos padres jesuítas em 1554. Este almanaque recolhe pequenos fragmentos daquilo que foi pensado, criado, experimentado, escrito e vivido nas terras percorridas e povoadas pelos paulistas. Paulistas de todas as origens e de todos os tempos: índios, padres, bandeirantes, tropeiros, escravos, lavradores, caipiras e imigrantes, operárias, vendedoras, donas de casa, estudantes.

É um convite para você trocar, por um momento, as preocupações de hoje pelo receio de ser devorado por índios em Cananéia. Ou para deixar de se indignar com as notícias dos crimes atuais para perceber que o rei já perdoava criminosos no século XVI. Ou para descobrir que a dança do maxixe foi muito mais capaz de escandalizar a sociedade de seu tempo do que qualquer balada de hoje em dia. Este almanaque quer levar você a compreender que o caipira está longe de ser o ingênuo que muitos acreditam. Que, nas águas do Tietê, os homens das monções viveram aventuras dificilmente igualadas em qualquer outro canto do mundo. E que São Paulo, uma das mais impressionantes metrópoles do mundo, já foi um lugarzinho chato e sonolento, onde os acendedores de lampiões tinham pouco por fazer.

Enfim, este almanaque quer reapresentar a você uma velha conhecida. Que, talvez, você descubra ser uma surpreendente desconhecida. Entregue-se a esse encontro. De corpo e alma, vem aí a boa terra paulista.

SumáRio

• Alguns textos reproduzidos neste almanaque foram mantidos com a ortografia da época. •

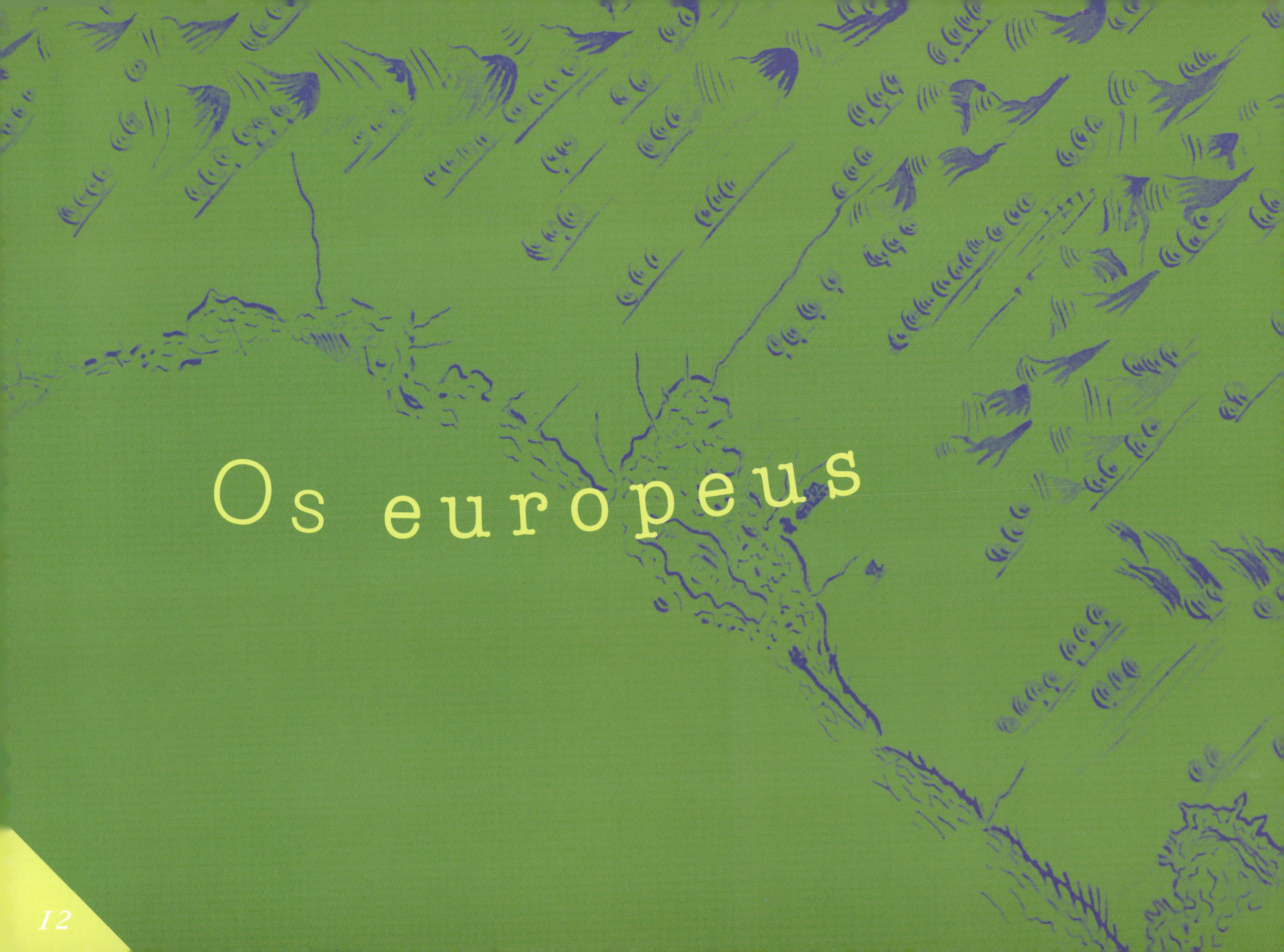

Os europeus

chegaram ao Brasil

Se no século XVI existissem jornais no território brasileiro, entre as notícias poderiam estar as seguintes:

Índios e pau-brasil

PREÇO DO PAU-BRASIL

Antuérpia, Holanda, 8, agôsto,1509

O pau-brasil foi cotado hoje nesta praça, em 28 soldos o cento de toros em perfeito estado.

ENCONTRADO "PAU-BRASIL"

Um judeu, Gaspar da Gama, quando os índios e os portuguêses cortavam lenha para as naus, descobriu a existência em Santa Cruz, do "pau-tinta", que os italianos chamam de verzi ou verzino e, outros, em Portugal, chamam brasil.

Portugal vem importando o pau-tinta ou pau-brasil, do Ceilão e do Sião.

CORREIO MARÍTIMO

A 2 de maio de 1500 levantou ferros e partiu rumo a Lisboa o navio de mantimentos que obedece ao comando de Gaspar de Lemos.

Êle foi incumbido de levar a d. Manuel, rei de Portugal, as notícias do descobrimento. Lemos leva consigo várias cartas e relatórios, além de objetos colhidos aos índios.

Inaugurou-se assim a linha de correio marítimo entre a nova terra e a metrópole.

a preços de ocasião!

1

ÍNDIOS, MACACOS E PAPAGAIOS

Lisboa, 22, outubro, 1511

Trinta e cinco indígenas reduzidos a escravos; 5 mil toros de pau-brasil e 70 animais diversos, constituem a carga que chegou hoje a bordo da nau "Bretoa", que obedece ao comando do capitão Cristovão Pires.

A nau regressa depois de oito meses de viagem, uma vez que havia partido daqui a 22 de fevereiro.

Dentre os animais vindos a bordo da "Bretoa", destacamos os gatos selvagens, macacos, sagüis e os berrantemente coloridos papagaios.

Terra de oportunidades: a ilha de São Vicente passa a ter os primeiros engenhos para produção de açúcar estabelecidos no Brasil e atrai levas de portugueses na esperança de enriquecer na América. Cristãos velhos e cristãos novos, judeus, portugueses de origem ibérica, flamenga e italiana, alguns fidalgos e degredados, e muitos pobres, todos vêem na nova terra um futuro promissor.

ÍNDIOS A 4 SOLDOS

2

Lisboa, 22, outubro, 1511

Para efeito de pagamento de direitos alfandegários, o valor declarado dos 36 índios de Santa Cruz, hoje chegados a Lisboa, a bordo da nau "Bretoa", foi de 136 soldos, em média, 4 soldos cada um.

O rei d. Manuel receberá um quarto dessa importância isto é, 34 soldos a título de impôsto.

Essa importância de índios foi feita pelos próprios tripulantes da nau, inclusive atendendo a encomendas de terceiros. O capitão trouxe 6; o escrivão 5; o mestre 3 e o piloto 8. Dentre eles, várias mulheres muito moças.

JORNAL ECONÔMICO

PAPAGAIOS AMARELOS VALEM MAIS...

Os papagaios do Brasil estão sendo vendidos na França, logo que aprendem a falar francês, na base de 6 escudos cada um. Algumas espécies mais raras, principalmente os de penas amarelas, encontram preços maiores.

Sabedores da preferência dos franceses, os índios brasileiros conseguiram amarelar as penas dessas aves, depenando-as e expondo os seus poros a um tratamento com o sangue de determinadas rãs.

Desta forma estão obtendo grandes quantidades de papagaios amarelos, tão bem pagos pelos contrabandistas da França.

3

Raparigas casadouras

Em dezembro de 1551, uma notícia animou os portugueses da Bahia: desembarcaram em Salvador mulheres jovens e solteiras, algumas delas órfãs pobres, enviadas ao Brasil para casar "com gente distinta". A esquadra também trouxe alguns rapazes órfãos, dispostos a se fixar na colônia, e uma leva de escravos africanos. Era o início do tráfico negreiro, que se estenderia oficialmente até 1850.

4

Vocabulário brasileiro

Para uso dos que viajam para o Novo Mundo

Baemaedara Mercador

Cunhã Mulher

Quigâ Sujo (a)

Angaipapaba Pecado

Miû Comida

Baemogigpara Cozinheiro

Aimoauje Render-se

Yxe Eu

Ambigacig Fome

Moraceya Dança

Nheengu Mudo

Abâ Homem

Baecuguapara Sábio

Oca Casa

Temireco Espôsa

Tigguire Ciúme

Nhae Prato

Pindâ Anzol

Cunhaíba Namorada

Ig Água

Aimbouu Dar de beber

Âupaba Pátria

Jecitiaçaba Amigo

Mil e uma utilidades do pau-brasil

A riqueza que está atraindo os piratas franceses para a costa brasileira é o "pau-brasil", mercadoria muito cotada na França. Os paus de tinturaria estão valendo um bom dinheiro. E a madeira tem várias outras utilidades, o que estimula os franceses à importação legal e ilegal do produto.

Antes da descoberta da madeira no Brasil, eram conhecidas três qualidades de brasil obtidas no Ceilão, em Sumatra e na Índia.

O produto é vendido em toras das quais se retira a casca e o alburno, utilizando-se o âmago vermelho para extração de maté[ria] corante para tintura de panos. É empregada, também em manuscritos.

Além disso, o pau-brasil está sendo utilizado com sucesso na fabricação de móveis de luxo e trabalhos de marcenaria em geral. Por outro lado, a madeira, depois de mergulhada em água, endurece e, nesse estado, vem sendo utilizada na construção de naus.

6

DEVORADOS DOIS JESUÍTAS

Cananéia, 30, setembro, 1554

Atacados por selvagens desta região, morreram dois sacerdotes que tinham vindo aqui para catequizá-los. São êles Pedro Correia e João de Sousa.

Em fins do mês passado, os dois, em companhia de um leigo de São Vicente, mostraram desejo de contribuir para a evangelização dos índios de Cananéia.

Com licença de seus superiores partiram para cá cheios de planos. Os índios, porém, negaram-se a ouvi-los e os sacrificaram.

Ambos teriam sido devorados, informa-se.

8

FUNDADO NO SERTÃO COLÉGIO JESUÍTA

São Paulo de Piratininga, 25, janeiro, 1554

Diante de uma casa pobre e estreita, de uns 10 metros de comprido e 7 de largo, feita de barro e coberta de telhas, na colina entre dois ribeiros (Tamanduateí e Anhangabaú), os jesuítas rezaram hoje missa solene, dando por fundado um colégio para os meninos da região.

7

9

Criminosos anistiados no Brasil

Almeirim (Portugal), 6, agôsto,1551

Todos os crimes cometidos no Brasil (exceto os de algumas categorias) foram perdoados pelo rei de Portugal, D. João III Os crimes não compreendidos na anistia concedida são os seguintes: heresia, traição, moeda falsa ou assassínio de cristão.

10

BISPO DEVORADO PELOS ÍNDIOS

Na costa de Pernambuco os caetés trucidaram e devoraram o primeiro bispo do Brasil e seus acompanhantes. D. Sardinha que se dirigia para Portugal para dar contas ao rei de grave desentendimento surgido entre ele e Duarte da Costa.

10

Botou água no leite?

Deporta para o Brasil

Lisboa, 2, janeiro, 1557

Do mexerico puro e simples, passando pêla rixa com ferimentos, pelo porte de armas proibidas e pela água no leite até o roubo de dinheiros públicos, 50 delitos cometidos em Portugal podem deportar o delinqüente para o Brasil, que é, por lei, depois da pena de morte, a punição mais severa.

Legislação penal portuguêsa, anotou as seguintes contravenções:

1) cortar árvores frutíferas (com prejuízos superiores a 30 cruzados, a pena é de degrêdo para o Brasil);

2) fazer barulho noturno, quebrando portas ou fechando-as, de brincadeira, pelo lado de fora;

3) Ter arcabuz de menos de 4 palmos de cano (a punição para os escravos é a morte; os peões, chicote e galés; para as pessoas de maior qualidade: degrêdo para o Brasil);

4) pedir socorro, em brigas etc., sem gritar "aqui d'el-rei!" (degrêdo de cinco anos)

5) pôr água no leite;

6) fazer mexerico ou dar crédito a êle;

7) marido perdoar adultério;

8) falsificar moeda sêlo etc.

A terra das farinhas

Os arredores de São Paulo estão tomados por plantações de milho, mandioca, base da alimentação local, além do trigo europeu, cuja farinha é enviada para várias capitanias do Brasil.

11 PERDIDOS NO SERTÃO

S. Vicente, 31, dezembro, 1533

São dados como perdidos no sertão brasileiro, Pero Lôbo, Francisco Chaves e os 80 homens que partiram em busca de ouro e prata. Saíram daqui em 1.º de setembro de 31 e deveriam Ter retornado no máximo há dois anos.
Teme-se que tenham morrido vítimas da fome, das moléstias ou dos índios antropófagos.

12 SUA SANTIDADE AFIRMA QUE OS ÍNDIOS TÊM ALMA COMO OS BRANCOS

Duas bulas papais condenaram a escravização e o morticínio dos índios e reconheceram que êles possuem alma.

EXCOMUNHÃO PARA OS FUMANTES!

Três grandes problemas afligem os colonizadores neste momento: o pecaminoso hábito de fumar, adquirido dos índios pelos portuguêses, os romances de amor entre europeus e brasileiras e a presença cada vez maior
12 de criminosos degredados.

RAMALHO NÃO PODE CASAR COM BARTIRA: SUA MULHER ESTÁ VIVA EM PORTUGAL

A índia Bartira, filha do cacique Tibiriçá, e o português João Ramalho, cuja esposa oficial vivia em Portugal, formam um dos muitos casais mestiços que povoam o planalto de Piratininga, para o horror dos jesuítas, escandalizados pela ausência de casamentos formais.

14

13

Monstro do mar apavora Santos

São Vicente, 1564

Um monstro de 3 metros de altura saiu do mar e travou luta de morte com o jovem Baltazar Ferrera, filho de Jorge Ferreira, capitão de São Vicente.

Baltazar passeava pela praia quando o monstro saiu da água. Segundo uma testemunha, "era de 15 palmos de comprido e semeado de cabelos pelo corpo, e no focinho tinha umas cerdas muito grandes, como bigodes".

Outra testemunha relatou que o rapaz enfrentou-o com uma espada, enquanto o peixe se levantava "como um homem, sobre as barbatanas e o rabo".

Depois de ferir e derrubar o monstro, Baltazar tombou desmaiado.

Os indígenas informaram que esse tipo de monstro marinho aparece raras vezes naquele trecho do litoral. Eles o chamam de Hipupiara, que quer dizer "Demônio da Água".

Paulistas em *movimento*

Bandeiras, monções, tropas

PASSEIO NOTURNO - Uma brincadeira de desconstrução do mito bandeirante: nos quadrinhos de Luiz Gê, as esculturas do *Monumento às bandeiras*, de Victor Brecheret, e o *Borba Gato*, de Júlio Guerra, descem do pedestal e saem pelas ruas de Sampa.

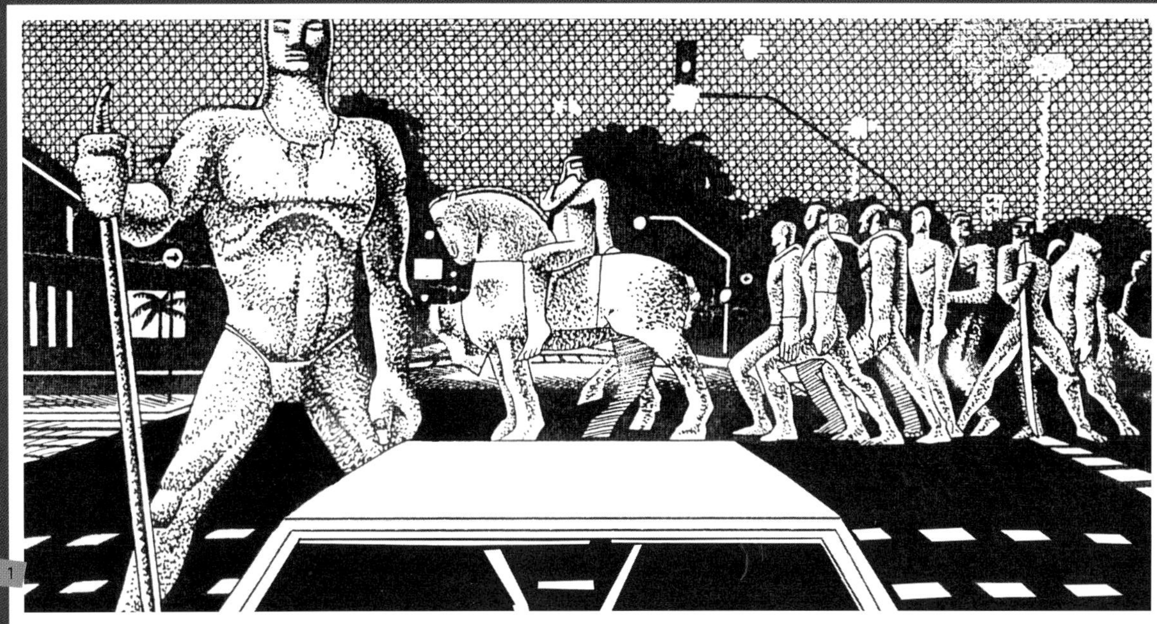

CUIDADO, ARNALDO:
O-BORRA
AAAAAA
AAAAAAAA
Atrasado de novo...
Ei, Vocês! Esperem por mim!!!
OOOHH
Luiz Gê

pedestrianismo nas bandeiras

Um texto publicado no jornal O Estado de São Paulo em 1919, por ocasião da entrega dos prêmios para a Prova Estadinho de Pedestrianismo, mostra como as elites republicanas procuravam apresentar com traços heróicos a história paulista colonial:

Cheguemos porém à realidade do momento. Vindo ao Brasil, vindo a São Paulo, nossos gloriosos ascendentes não eram mais que intrépidos pedestrianos, que se largavam através da hostil selva brasileira, lutando contra o gentio, contra o solo que pisava, contra as plantas e os animais e contra a fome e contra sede. Se os que venciam voltavam carregados de riquezas e de triunfos, ficando na ânsia eterna de uma nova arremetida, os que perdiam, uns caíam em um canto, sem outro sustento que a água do céu acompanhada da que seus olhos vertiam. Assim os paulistas conquistaram para a civilização o interior do Brasil, onde hoje floresce essa esplêndida Paulicéia. E foram descendentes desses bandeirantes antigos, ou filhos transatlânticos dos nossos tempos, que conseguiram fechar a capital de São Paulo no estreito limite de uma hora e alguns minutos de corrida. 2

Chapéu de abas largas, botas de cano longo - assim foram representados os bandeirantes no século XX. Na verdade, muitos sertanistas se embrenhavam pela mata descalços, com roupas simples.

Monções: esporte radical?

Séculos antes de surgir o esporte radical conhecido como *rafting*, as canoas das monções, expedições de povoamento e comércio, ligavam o território paulista às minas de ouro do Centro-Oeste, em viagens de 6 meses de duração e enfrentavam nada menos do que cem saltos, cachoeiras e corredeiras, além de febres e ataques das feras e dos indígenas.

O saber fazer dos tropeiros

As tropas de mulas não transportam mais o açúcar e o café do território paulista, mas a fabricação de jacás e outros ofícios ligados ao tropeirismo continuam a existir.

Jacás e balaios podem parecer sinônimos, mas os fabricantes advertem: "o balaio é para o trabalho do homem, o jacá, para o trabalho do burro". Os jacás são feitos de taquara, tradicionalmente colhida nos "meses sem erre" - maio, junho, julho e agosto. Nos demais meses, garante o pessoal das tropas, colheita, só na lua minguante, "do contrário dá caruncho".

As técnicas de fabricação e o formato do jacá costumavam variar segundo a finalidade prevista. Os jacás de munição, onde eram levados os mantimentos para a viagem, eram compridos, da largura de um caldeirão, e tinham tampa inteiriça. Em geral feitos de tiras de taquara cruzadas duas a duas, dispunham de tiras de couro cru torcido, para serem alceados nos dois cabeçotes da cangalha da mula. Por sua vez, os jacás de galinha, destinados a receber essas aves, eram estreitos e longos. E os pequenos samburás, nos quais se transportavam iscas e material de pesca, eram geralmente feitos de tiras finas, simples e trançadas de taquara, o que tornava mais fechada a trama. 3

A perícia dos condutores de tropas estendeu-se à culinária, com uma receita apreciada até hoje.

Que colesterol, que calorias! Ninguém sabia o que eram essas baboseiras inventadas pelos americanos. Na cultura caipira, aquilo era gostoso e dava sustância para enfrentar a jornada.

Samburá

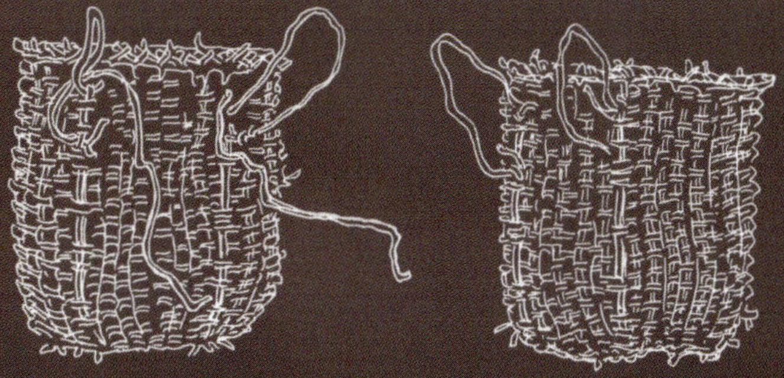

Par de jacás com alças, um deles com tranca-fios

Jacá de galinha

Feijão Tropeiro

1 pires de torresmo de toucinho defumado
300 grs. de lombo de porco temperado e frito em fatias
200 grs. de lingüiça de porco, frita em pedaços
1 cebola ralada, 1 alho amassado, cheiro-verde

MODO DE FAZER: Cozinhe o feijão e reserve o caldo; faça um refogado na gordura quente do torresmo, com alho, cebola e cheiro-verde; tempere com piamenta do reino e sal; junte a lingüiça, o torresmo, o lombo e o feijão. À parte, misture o caldo do feijão com farinha de milho, para fazer um angu. Pode ser servido com todos os ingredientes juntos, no feijão, ou separadamente.

ASSUCAR

Benedicto Taques vende assucar crystallisado, de primeira qualidade, à 35$000 á sacca.
Só vende a dinheiro á vista.
2 Para tratar com o mesmo.

UMA ESTRADA PARA O AÇÚCAR

Bernardo José de Lorena, governador da capitania de São Paulo, constrói na década de 1790 a primeira estrada calçada unindo o alto da Serra do Mar à Baixada Santista. A Calçada do Lorena permite que as mulas carregadas de caixas de açúcar vindas do interior paulista cheguem ao porto em segurança - e muito mais rápido!

Braços escravos, braços da Europa, muitos sofrimentos e esperanças

Café com

Ferrovias, escravos e imigrantes com seus sonhos e lutas por uma

ATTENÇÃO

VENDE-SE barato um bonito crioulo de idade de 9 a 10 annos próprio para pagem e monta muito bem a cavalo.

Quem pretender dirija-se a seu senhor Benedicto Alves de Lima Gomes do districto de Pindamonhangaba a José Gomes Tinoco, no Rio das Pedras, ou a Antonio Ferreira de Oliveira Patrício nesta cidade.

4

Fazenda de café

De 400 a 500 contos

Compra-se uma em qualquer dos municipios seguintes :

3

Açúcar

vida melhor: a economia e a sociedade paulistas se transformam.

6

100 réis

é o preço do café no
Bar ECONÔMICO

PRAÇA DA SÉ, 9 – F

5

— 118 —

LIDGERWOOD

[M]achinas para assucar

Engenho de canna com engrenagem, machina a vapor e bomba para garapa.

Engenho de canna com engrenagem duplo e machina a vapor.

Moenda de canna com engrenagem singelo para ser tocada por correia.

Moenda de canna com engrenagem para animaes.

Moendas de canna verticaes para animaes.

Vacuo e bomba de ár. Triplice effeito.

Alambique a vapor.

Alambique a fogo nú. Tanques de ferro batido.

A Machina a Vapor pode ser desligada da Engrenagem quando não tem canna para moer; e ser utilizada para tocar moinhos de fubá, &c., &c.

Fabricam estas moendas de diversos tamanhos de $2^{1}/_{2} + 5''$ até $30'' \times 60''$.

Alem dos artigos acima fabricamos tambem todas as machinas necessarias para Engenhos d'Assucar completos; Turbinas do systema „Weston" Evaporadores Americanos; Defecadores; Aquecedores de Garapa; Seccadores; Andaimes de Ferro para Alambiques; Dornas de Fermentação, &c., &c.

Fornecem-se orçamentos de engenhos completos de qualquer capacidade ou de quaesquer machinas que tenham de adaptar-se a quaesquer engenhos já existentes.

Mandam-se a quem os requisitar planos e orçamentos, inclusivos de custo para serem montadas as machinas pelos nossos machinistas que têm diaso experiencia.

2

VERDADEIRA PECHINCHA

Vende-se por preço conveniente, todos os utencilios pertencentes a uma boa refinação de assucar, constando do seguinte:
4 taxos grandes de cobre, 2 chapas de ferro para os mesmos. 1 caldeira boa com filtrador, 5 peneiras de arame de diversas grossuras. 1 balança Romana com pesos.

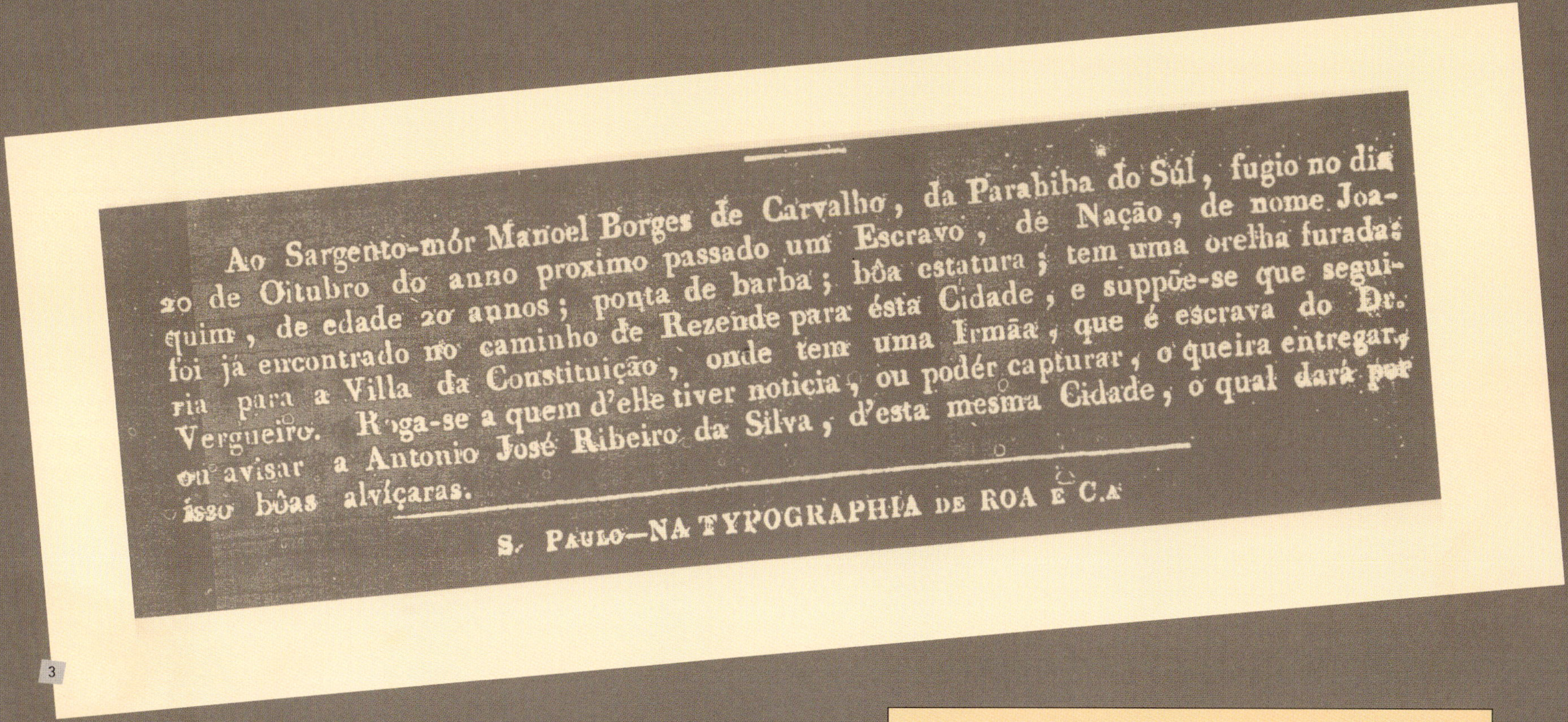

Ao Sargento-mór Manoel Borges de Carvalho, da Parahiba do Súl, fugio no dia 20 de Oitubro do anno proximo passado um Escravo, de Nação, de nome Joaquim, de edade 20 annos; ponta de barba; bôa estatura; tem uma orelha furada: foi já encontrado no caminho de Rezende para esta Cidade, e suppõe-se que seguiria para a Villa da Constituição, onde tem uma Irmãa, que é escrava do Dr. Vergueiro. Roga-se a quem d'elle tiver noticia, ou podér capturar, o queira entregar, ou avisar a Antonio José Ribeiro da Silva, d'esta mesma Cidade, o qual dará por isso bôas alviçaras.

S. Paulo—Na Typographia de Roa e C.a

Veja a tabuleta que integrava uma ilustração do fervoroso abolicionista Angelo Agostini:

Lotes de porcos, carneiros e burros esperam também seu preço, junto aos bichos humanos, sob uma tabuleta onde se lê o pregão:

5º lote, avaliação:

Uma bêsta para cangalha	80$000
8 porcos gordos a 30$000	240$000
Uma vaca tourina	80$000
6 carneiros a 15$000	90$000
Agostinho, prêto velho doente	60$000
Inês, preta velha cega	10$000
Luís, crioulo, 28 anos	900$000
Joana e um ingênuo (garotinho)	600$000
Antônio, 50 anos, aleijado	10$000

Cosinheira – Precisa-se de uma cosinheira que seja boa, para casa de pequena família. Pode ser livre ou escrava. A tratar nesta typografia.

Imprensa Ytuana – Itu em 14/10/1884 p. 3

Comprar, Vender, Contratar

O Preço da Liberdade

Alforrias:

Informão-nos que o Sr. Luiz de Almeida Mello libertou, gratuitamente e sem condição alguma, a sua escrava Thereza; e que o capitão Igneacio L. de Barros libertou por 500$000 a sua escrava Jacintha, e por 700$000 um seu escravo, feitor que lhee havia offerecido pela sua liberdade de 1 : 500 $.

Imprensa Ytuana – Itu em 01/04/1883

Diz o Correio Paulistano:

Ante-hontem o Sr. Francisco Fernando de Barros concedeu inteira e plena liberdade aos seus escravos fugidos que se achão na capital. Alguns desses libertos prometeram voltar para a fazenda, contractados como colonos.

Imprensa Ytuana – Itu em 04/05/1888 p. 2

Lavoura – Precisa-se alugar escravos para a cultura do café. quem tiver e quizer alugar, dirija-se a esta typoggrafia para melhor informação no município de Monte-Mór.

Imprensa Ytuana – Itu em 25/09/1884 p. 3

Até 30/06 do ano findo, tinha a província de SP 171.386 escravos. Esta comarca tinha até a mesma data 4.700, assim divididos:

Ytu – 2.615
Indaiatuba – 1.488
Cabreúva – 597

Imprensa Ytuana – Itu em 15/03/1884 p. 2

SULTANA

TYPOS POPULARES

III

Tia Custodia, a escrava

(PARA SULTANA)

Apoiada ao seu inseparavel porretinho, fomos encontrar Tia Custodia, na sua casinha, lá no Largo de Santa Cruz, casinha essa que o coração magnanimo de Nhô Abrão construira e déra para moradia de uma das ultimas sobreviventes dos negros tempos da escravidão.

—Moro aqui, Nhonhô, sosinha. Sosinha, não. (Emendou ella a tempo) Cum Deus tamem...

Contou-nos cousas interessantes e tristes ao mesmo tempo, daquella epocha em que, "por um nadica" -no seu dizer- o soluço do pobre captivo era abafado pela sua voz potente e sonora do chicote implacavel, brandido pela mão do feitor feroz.

Entremeando a sua narrativa, arregaçava os vezes as mangas da bluza e mos- ... profundos no ...

... branças daquelle tempo; do tempo em que negro não era gente... Apanhei nhonhô, muitas vezes de "taca", (nome dado ao açoite destinado exclusivamente ás mulheres) lá na senzala de Monte Serrate e Sant'Anna. Sinhô Barão tinha um feito marvado, que tudo nois tinha odio neile... No meu tempo de moça tamem diverti bastante! Tenho sodade das festas do Divino, Semana Santa, Cayapó e muntas outras. Me lembro quando seu Impedô aqui veio. Esse povo p'ra se agradave prelle, mandaro uma commissão preguntá qual era a festa que elle mais gostava. Elle disse que a milhor festa era da Semana Santa. Apressaram logo os preparativos e num abri e fechá de olhos, puzero tudo em orde. Por signá que foi a milhor festa que fizero e ansim naquelle anno nois tivemo que assis... duas Semana Santa. Uma no ...

Notícias de falecimento

A indicação da cor veio substituir as expressões, livre, cativo, escravo.

Dia 21
Bussadori, 6 meses branco, filho de Ernesto Bussadori e Judithe Bussadori.

Imprensa Ytuana – Itu 30/05/1888.

Dia 19
Thobias 25 annos, preto, solteiro – cólica do intestino.

Imprensa Ytuana – Itu 30/05/1888.

Telegramas

Notícias de Descalvado, 1884: *"Os escravos da Fazenda Santa Rita em número superior a cem levantaram-se esta noite. O administrador desapareceu. Os empregados foram forçados pelos escravos a sahirem. Ainda não sei se houve morte. Peço auxílio a VExcia"*

Telegrama ao Chefe da Polícia

Notícias de Mogi Mirim, 1885: *"Perigo iminente de insurreição de escravos. Peço que V.Excia mande amanhã 20 praças de linha e official para ficarem n'esta Cidade durante o perigo. Grande temor da população...".*

Telegrama ao Chefe de Polícia

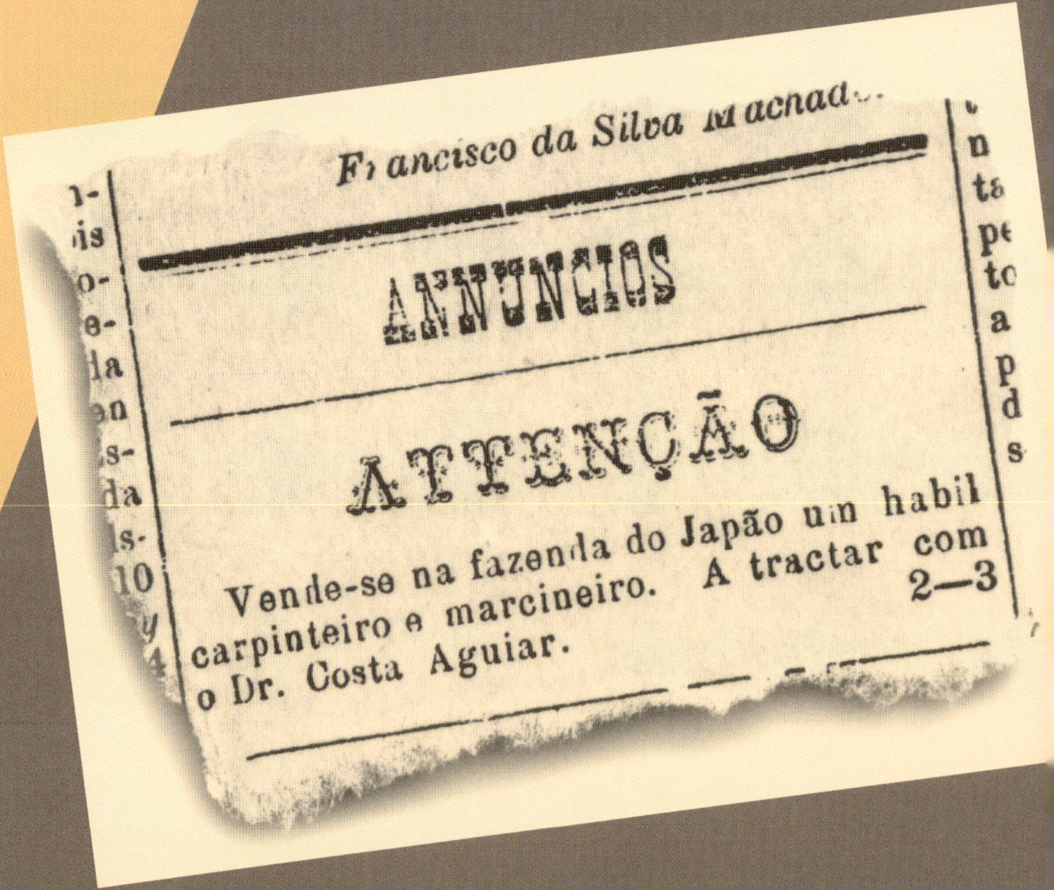

Francisco da Silva Machad...

ANNUNCIOS

ATTENÇÃO

Vende-se na fazenda do Japão um habil carpinteiro e marcineiro. A tractar com o Dr. Costa Aguiar. 2—3

Mães pretas, mães brancas

A corretagem de leite materno continuava a ser um bom negócio em fins do século XIX. Mas agora eram mulheres livres que vendiam os seus serviços.

PRECISA-SE alugar uma ama de leite na rua do Sacramento nº 48. [3]

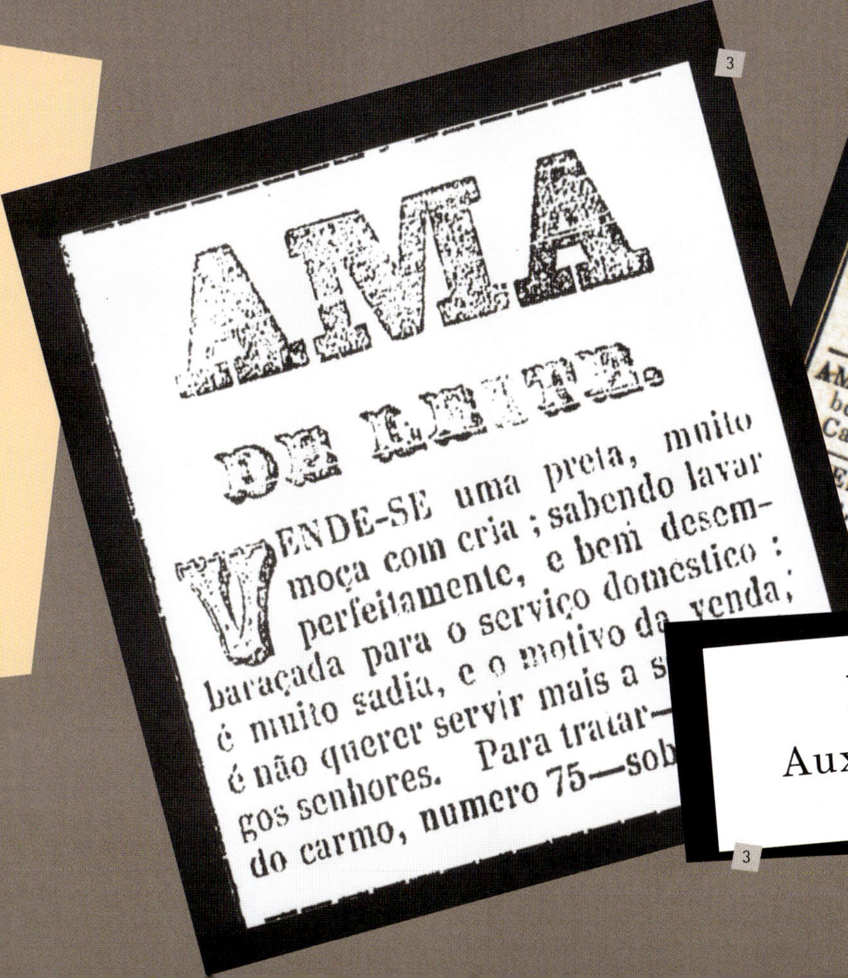

AMA DE LEITE.

VENDE-SE uma preta, muito moça com cria; sabendo lavar perfeitamente, e bem desembaraçada para o serviço domestico: é muito sadia, e o motivo da venda; é não querer servir mais a s[…] gos senhores. Para tratar—[…] do carmo, numero 75—sob[…]

[3]

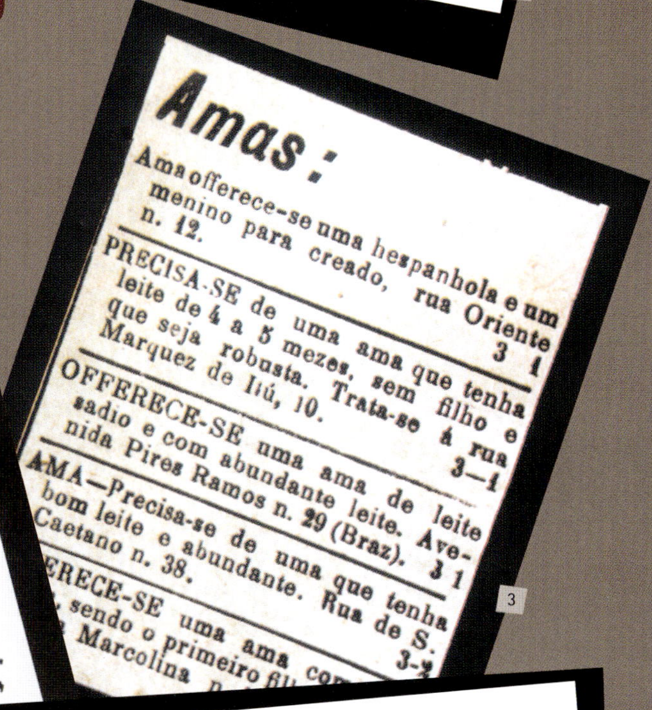

Amas:

Ama offerece-se uma hespanhola e um menino para creado, rua Oriente n. 12. 3 1

PRECISA-SE de uma ama que tenha leite de 4 a 5 mezes, sem filho e que seja robusta. Trata-se á rua Marquez de Itú, 10. 3—1

OFFERECE-SE uma ama de leite sadio e com abundante leite. Avenida Pires Ramos n. 29 (Braz). 3 1

AMA—Precisa-se de uma que tenha bom leite e abundante. Rua de S. Caetano n. 38. 3-2

[…]ERECE-SE uma ama com[…] […], sendo o primeiro fi[…] […] Marcolina […]

[3]

Leite Maltado

Auxilia as amas de leite. [3]

Principal produto de exportação do Brasil desde 1830, o café conservaria essa condição até meados do século XX.

SITIO A VENDA

Vende-se pela avaliação um sitio de 60 alqueres de terras, com 10 mil pés de café, pasto fechado, boa casa de morada e diversas casas para colonos.

O inventario deste sitio foi feito no 2º cartório, onde poderão informa-se.

Tracta-se com Antonio Ferraz Pacheco.

2

6

O CAFÉ, ESTÍMULO PARA O ORGANISMO E A ECONOMIA

Em 1801, ocorreu a primeira exportação de café pelo porto de Santos: apenas 31 sacas. Nos anos seguintes, a bebida tornou-se moda na Europa. Também era servida como estimulante aos homens, mulheres e crianças que trabalhavam nas fábricas até catorze horas por dia.

8

Em 1836, Santos exportou 100 mil sacas de café para a Europa e os Estados Unidos. Em 1898, já eram 5,5 milhões de sacas e, três anos depois, 9,5 milhões.

9

CAFÉ EXPRESSO

"Foi installada em um dos bars desta cidade, uma machina de Café Expresso".

Dos jornaes.

FREGUEZ: – Uma chicara de café expresso.
GARÇON: – Pois não. Faça o favor de esperar meia hora...

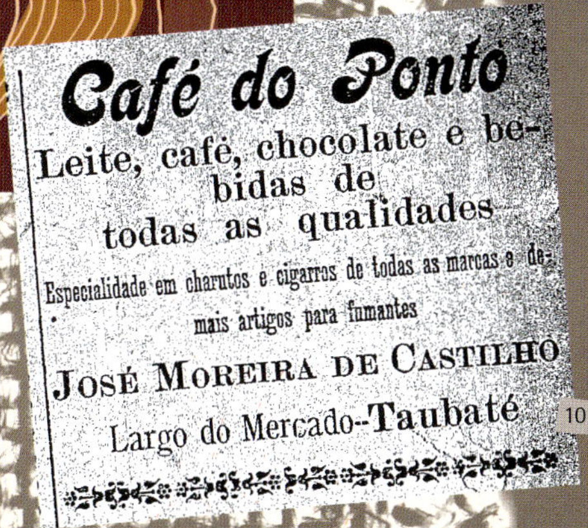

Café do Ponto

Leite, café, chocolate e bebidas de todas as qualidades

Especialidade em charutos e cigarros de todas as marcas e demais artigos para fumantes

José Moreira de Castilho

Largo do Mercado-Taubaté

10

Pai rico, filho aventureiro

De onde vinha o dinheiro para Santos Dumont construir aviões

O engenheiro Henrique Santos Dumont, pai do Pai da Aviação, era dono de uma das maiores fazendas do mundo: a Arindeúva, perto de Ribeirão Preto, onde cultivava 5 milhões de pés de café. Desde 1890, uma ferrovia particular, de 100 quilômetros, ligava a fazenda aos trilhos da Mogiana. Mas o engenheiro sofreu um acidente durante uma cavalgada, em 1891. Paraplégico, vendeu a fazenda aos ingleses e foi com a família para Paris, a cidade onde seu filho Alberto faria voar o 14-Bis em 1906.

9

O PROGRESSO VEIO SOBRE TRILHOS

A partir da construção da The São Paulo Railway Company, *as ferrovias uniram as regiões cafeeiras ao porto de Santos, levando para as fazendas imigrantes recém-desembarcados, artigos estrangeiros, conduzindo ao litoral as sacas com a principal riqueza brasileira.*

1

DILIGÊNCIA
PROGRESSO PAULISTA

Sahirá de São Paulo nos dias 4, 9, 14, 19, 24, e 1 deste mez, Os bilhetes podem ser procurados na rua Direita n. 17, fábrica de chapéos.

As bagagens devem ser entregues 1 dia antes da partida.

HORARIO DOS TRENS

QUE CHEGAM E PARTEM DA ESTAÇÃO DE YTU'

ESTAÇÕES	Via Mayrink				Via Jundiahy					
	P 12		P 10		P 9		P 15		M 25	
	Cheg.	Parte	Cheg.	Parte	Chega	Parte	Chega	Parte	Chega	Parte
		M		T		M		M		M
YTU'		5,35		2,35		9,14		4,50		4,30
Mayrink	7,00	7,17	4,10	4,20						
Sorocaba	8,45		7,40							
Salto					9,25	9,27	5,01	5,03	4,48	4,53
Itaicy					9,54	12,20	5,30	5,35	5,37	5,45
Piracicaba					1,00					
Jundiahy					1,30		6,45		7,40	
S. PAULO	9,15		6,05		3,18		9,18		11,00	

2

Até a chegada da estrada de ferro, em 1867, o transporte para fora da cidade vivia no tempo das diligências.

EXPORTAÇÃO PELA ESTRADA DE FERRO ITUANA

Exportação pela linha ituana no mês de novembro - forão exportadas pela linha Ituana 97,500 arrobas de café e 6,000 de assucar.

Imprensa Ytuana – Itu em 03/01/1884 p. 2

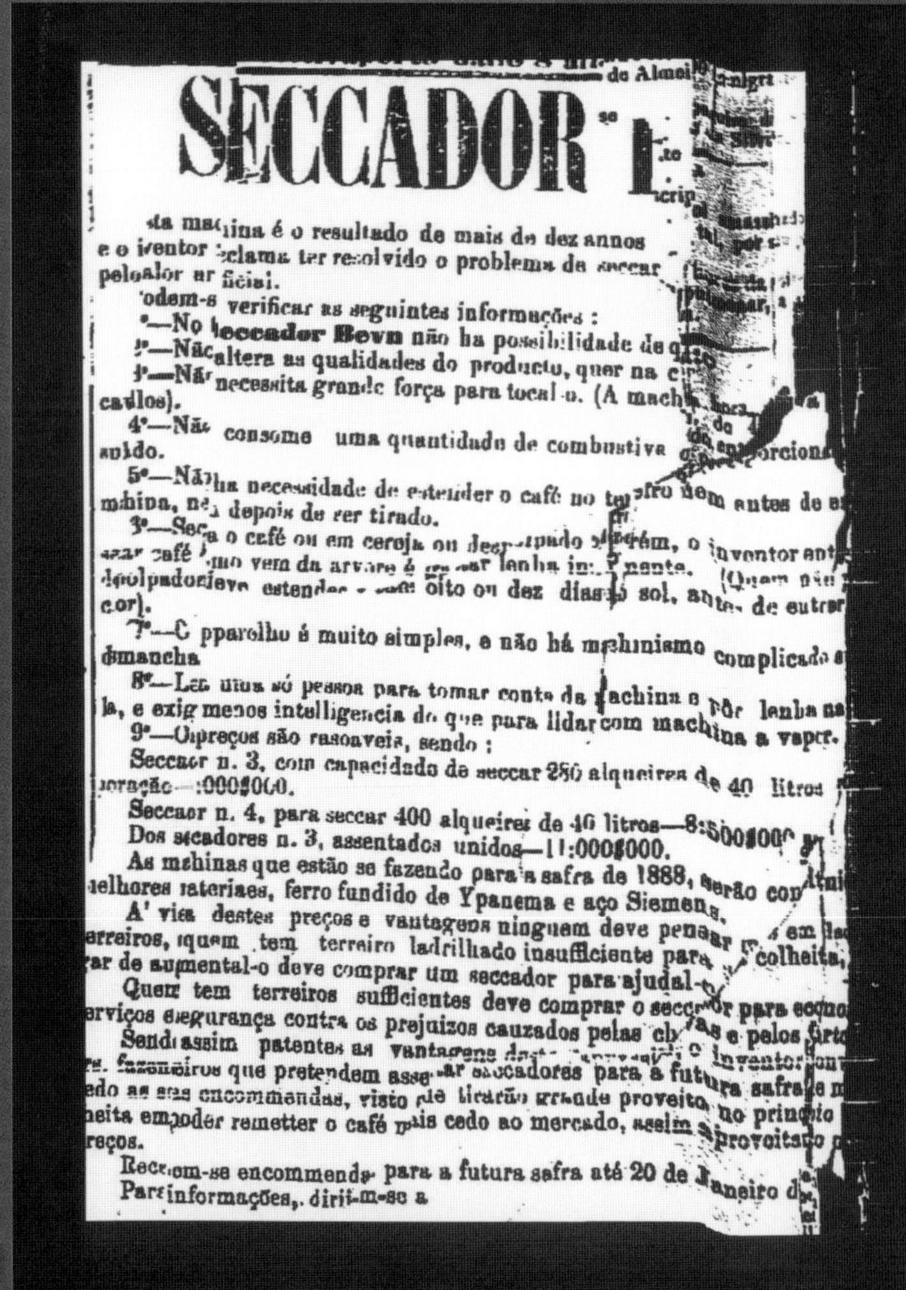

SECCADOR

da machina é o resultado de mais de dez annos e o inventor reclama ter resolvido o problema de seccar pelo calor artificial.

Podem-se verificar as seguintes informações:

1º—No **Seccador Bevn** não ha possibilidade de q[illegible]

2º—Não altera as qualidades do producto, quer na c[illegible]

3º—Não necessita grande força para tocal-o. (A mach[illegible] cavallos).

4º—Não consome uma quantidade de combustivel [illegible] proporcion[illegible] [illegible]uido.

5º—Não ha necessidade de estender o café no terreiro nem antes de [illegible] machina, nem depois de ser tirado.

6º—Secca o café ou em cereja ou descascado [illegible], o inventor [illegible] seccar café [illegible] vem da arvore é [illegible] lenha [illegible]. (Quem não [illegible] despolpador deve estender o café oito ou dez dias ao sol, antes de entrar [illegible] cor).

7º—O apparelho é muito simples, e não há machinismo complicado [illegible] desmancha.

8º—Basta uma só pessoa para tomar conta da machina e pôr lenha na [illegible] la, e exige menos intelligencia do que para lidar com machina a vapor.

9º—Os preços são rasoaveis, sendo:

Seccador n. 3, com capacidade de seccar 250 alqueires de 40 litros [illegible] operação—[illegible]:000$000.

Seccador n. 4, para seccar 400 alqueires de 40 litros—8:500$000 [illegible]

Dos seccadores n. 3, assentados unidos—11:000$000.

As machinas que estão se fazendo para a safra de 1888, serão con[illegible] melhores materiaes, ferro fundido de Ypanema e aço Siemens.

A' vista destes preços e vantagens ninguem deve pensar [illegible] em [illegible] terreiros, quem tem terreiro ladrilhado insufficiente para [illegible] colheita, [illegible] de augmental-o deve comprar um seccador para ajudal-o.

Quem tem terreiros sufficientes deve comprar o seccador para econo[illegible] serviços e segurança contra os prejuizos causados pelas chuvas e pelos furto[illegible]

Sendo assim patentes as vantagens [illegible] o inventor [illegible] srs. fazendeiros que pretendem assentar seccadores para a futura safra [illegible] do as suas encommendas, visto que tirarão grande proveito no principio [illegible] heita em poder remetter o café mais cedo ao mercado, assim aproveitando [illegible] preços.

Recebem-se encommendas para a futura safra até 20 de Janeiro d[illegible]

Para informações, dirijam-se a

Moça tomando café

Cassiano Ricardo

Num salão de Paris, a linda moça
de olhar gris toma café.
Moça Feliz

Mas a moça não sabe, por quem é,
que há um mar azul
antes de sua xícara de café;
e que há um navio longo antes do mar azul...
E que, antes do navio longo,
há uma terra do sul;
e, antes da terra, um porto,
em contínuo vaivém,
com guindastes roncando na boca do trem
e botando letreiros nas costa do mar...
E, antes do porto, há um trem madrugador;
Sobe-desce da serra, a gritar, sem parar,
Nas carretilhas que zunem
de dor...
E, antes da serra, está o
relógio da estação...
Tudo ofegante, como
um coração,
Que está sempre chegando,
e palpitando assim...
E, antes dessa estação, se estende o cafezal.
E, antes do cafezal, está o homem, por fim,
que derrubou sozinho a floresta brutal,
o homem sujo de terra, o lavrador (...)

Quedê o sertão daqui?
Lavrador derrubou.

Quedê o lavrador?
Está plantando café.

Quedê o café?
Moça bebeu.

Mas a moça onde está?
Está em Paris.

Moça feliz!

A quebra da Bolsa de Valores de Nova York, em 1929, desdobrou-se numa depressão econômica mundial, que nocauteou a cafeicultura paulista. A crise também contribuiu para a Revolução de 30, que afastou do poder o presidente Washington Luiz e seu sucessor eleito, Júlio Prestes.

4

CRISE DO CAFÉ

...Já quebrou uns fazendeiro
assim que o governo qué
tamo todos sem carreira
com a baixa do café
acabô o movimento
até lá pra noroeste
povo todo tão gritando:
- a curpa é do Júlio Prestes!

Quase todo fazendeiro
andava de chevrolet
já tão andando a cavalo
com a baixa do café
aqueles grande banqueiro
cheio da libra esterlina
encostô carro de lado
por farta da gasolina!

Juó Bananere

5

OS IMIGRANTES

De 1870 a 1929, o território paulista recebeu centenas de milhares de imigrantes das mais diferentes origens.

No alto, italianos impedidos pelos serviços médicos de deixarem o país. Abaixo, imigrantes em São Paulo.

Gli orrori del Brasile

Enquanto autoridades italianas se encarregavam de selecionar a mão-de-obra imigrante, o Governo brasileiro custeava a viagem e a distribuição dos imigrantes em seus novos empregos. Esse acordo entre governos ficou conhecido como "imigração gratuita". No Brasil, ligadas ao consulado da Itália, surgiram instituições de ajuda mútua, como o *Instituto do Patronato*, encarregado de auxiliar os imigrantes e encaminhar suas reclamações ao Comissariado da Emigração, órgão do Governo italiano. Em 1902, queixas dos imigrantes, acusando os fazendeiros de São Paulo de submetê-los a violências e a regime escravista, chegaram ao Comissariado italiano, que proibiu a emigração gratuita por alguns anos. Em 1904, o Comissariado alertou a população da Itália através do comunicado *Gli Orrori del Brasile*, publicado no jornal *La Gazetta Coloniale*, de Nápoles.

Membros do "Patronato" SP

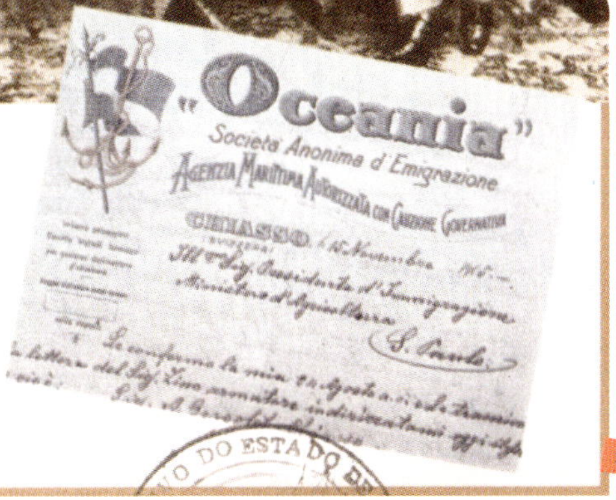

5

Alegria na voz, tristeza no coração

Noi italiani lavoratori,/ Allegri andiamo nel Brasile/ E voi altri, d'Italia signori/ Lavoratelo il vostro badile/ Se volete mangiare! ("Nós italianos trabalhadores,/ Alegres partimos para o Brasil,/ E vós que ficais, ó donos da Itália/ Trabalhai empunnhando a enxada/ Se quiserdes comer!").

Essas palavras de desafio ecoavam sempre que partia um navio para o Brasil, conduzindo trabalhadores para as fazendas do café. Mas a proclamação de alegria não dissimulavam a profunda tristeza de quem deixava, talvez para sempre, a aldeia natal.

Ao chegar ao porto de Santos, os imigrantes eram encaminhados à Hospedaria dos Imigrantes, em São Paulo. Ali estabeleciam contato com os emissários dos fazendeiros, que lhe ofereciam emprego. Por vezes, os cafeicultores disputavam entre si os recém-chegados, e os preços subiam. Na maioria dos casos, porém, isso não ocorria. Os imigrantes logo verificaram que o Brasil também tinha "donos" que os exploravam. Surgiam então instituições como a Sociedade de Mútuo Socorro Galileo Galilei, para melhorar a situação dos recém-chegados.

Em 1926, entre as várias anedotas reunidas no livreto Tarrafadas, de Cornélio Pires, o preconceito étnico anarquizava, pelo excesso, as difusas mensagens nacionalistas:

Na porta da casa de um jagunço famoso havia uma tabuleta de madeira com os seguintes dizeres:

Mata-se:
Brasileiro....................1.000,00
Portugueis....................500,00
Intaliano......................200,00
Espanhor.......................50,00
6 Turco de graça[47]

Precisa-se de trabalhadores nacionais ou colonos italianos na fazenda Pirahy.

Imprensa Ytuana – Itu em 16/07/1887 p. 3

7

IMIGRANTES ENTRADOS NO ESTADO DE SÃO PAULO, SEGUNDO AS NACIONALIDADES — 1910/29

ANOS	Italianos	Portugueses	Espanhóis	Japoneses	Outras nacionalidades	Total
1910/14	88 692	111 491	108 154	14 465	40 096	362 898
1915/19	17 142	21 191	27 172	12 649	5 530	83 684
1920/24	45 306	48 200	36 502	6 591	61 713	197 312
1925/29	29 472	65 166	27 312	50 573	117 418	289 941
Total	**180 612**	**246 048**	**199 140**	**84 278**	**224 757**	**933 835**

Fonte: *Anuários Estatísticos do Brasil*, IBGE, 1939/40 e 1953

Os capitães de indústria

Os imigrantes tiveram um papel decisivo na indústria brasileira, e em especial na paulista. Para comprovar isso, basta verificar alguns nomes de capitães de indústria no início do século XX: Francisco Matarazzo, irmãos Jafet, Rodolfo Crespi, Jorge Street, Nicolau Scarpa, Alexandre Siciliano, Pierre Duchen, Ramenzoni, Klabin. Todos radicados em São Paulo. Os italianos eram a grande maioria; como costumava dizer o conde Francisco Matarazzo, "o Brasil é filho de Portugal mas São Paulo é filho da Itália".

No entanto, antes mesmo da chegada em massa dos "oriundi", cafeicultores paulistas de sobrenomes luso-brasileiros enveredaram pela atividade fabril. Em 1869, o coronel Anhaia montou a fábrica São Luiz, em Itu, primeira tecelagem paulista a usar máquinas a vapor. Outros cafeicultores paulistas como os Prado e os Álvares Penteado investiram em bancos e fábricas parte dos lucros das fazendas. Como resultado, em 1907 São Paulo era o segundo pólo industrial do país, com 16% dos estabelecimentos fabris.

Ambiente Familiar

Heranças, hábitos, moda, receitas culinárias, cuidados com a saúde e a beleza - todos esses aspectos culturais assumiram formas variáveis nos diversos tipos de famílias paulistas

Cópia do Testamento do Cel. Salvador Fernandes Furtado

24-5-1725

1

(...)

DECLARO que sou natural da Vila de São Francisco das Chagas da Vila de Taubaté Bispado do Rio de Janeiro, filho legítimo do Capitão Manoel Fernandes Yedra e sua mulher Maria Cubas naturais da cidade de São Paulo : DECLARO que sou casado em face da Igreja com Maria Cardoso filha legítima de Antonio Cardoso e Maria Rodrigues de cujo matrimônio tenho cinco filhos varões e duas fêmeas a saber Antonio Fernandes Furtado, Feliciano Cardoso já defunto, Bento Fernandes Furtado, Boaventura Furtado de Mendonça o Reverendo Padre Salvador Fernandes Furtado, Maria de Freitas e Dona Pombinha Furtado, todos meus legítimos herdeiros // DECLARO que em todo o monte que há de minha fazenda é o seguinte: um engenho na paragem chamada Mangua com casas de telha de um lanço casas de telha de outro lanço,casas de palha de outro lanço com suas senzalas com capoeiras e matos vertentes das mesmas capoeiras com um alambique de cinco arrobas e quatorze libras, com tachos e mais aviamentos,quatro cavalos e cangalhas cujo engenho tenho apalavrado vender a metade a meu Primo Balthazar da Silva e ainda não tenho ajustado com ele o preço que fará com meus testamenteiros (...)

(...) DECLARO que possuo os escravos seguintes(...)

(...) DECLARO entre os escravos que possuo é bem assim uma mulata por nome Bárbara a qual pelos bons serviços que dela tenho recebido e porque casando lhe prometi que a deixaria por minha morte forra agora com consentimento e beneplácito de meus filhos a quem dei parte de minha última vontade no que concordaram todos e também minha mulher a forro e lhe dou liberdade e assim como a seus filhos a saber Nuno, Josepha que ser filhos de meu filho Antonio Fernandes e assim mais os filhos que tem do marido com quem é casada que são Paschoa, Quitéria, Marcos os quais todos os forros e hei por libertar de hoje para todo o sempre e como deves sendo se poderão ir para onde qui-serem sem impedimento de pessoa alguma (...)

(...) DECLARO que possuo um par de fivelas de sapatos de ouro outra fivela de ouro de chies, mais um paliteiro de madrepérola incrustado de ouro com um palito de ouro, mais um prato e gomil de latão, mais trinta e tantos livros entre grandes e pequenos, donde entra uma ordenação e seu repostorio e nestes volumes entram oito livros de prata mais uma caixa de tabaco-aberta com seus goréis. DECLARO que possuo três patos grandes de louça da Índia, seis sopeiras com suas coberturas de Macau e dezesseis pratos pequenos do mesmo, mais uma frasqueira com quatro frascos pequenos, digo frascos(...)

(...) Declaro que dotei a minha filha Maria de Freitas quando a casei com o sargento mor João de Souza Taveiro já defunto com seis mil cruzados em dinheiro e assim mais algum ouro de seu uso e prata e algumas alfaias de casa e assim mais um casal de Congos : DECLARO que dotei minha filha dona Pombinha Furtado quando a casei com o Capitão Antonio Pereira do Rego lhe dei dez mil cruzados em ouro que fez A mesma quantia assim mais um mulato e uma conga Com algum ouro de seu uso e prata e mais alfaias, DECLARO que casei minha filha legítima Maria Furtado com Antonio Cabral de Gamboa e lhe dei cinco escravos dos quais lhe resta duzentas oitavas que é o preço de um escravo que falta para inteirar a dita conta e já atrás deixo declarada esta dívida : DECLARO que casei minha filha ilegítima Mariana de Freitas com João Pereira e lhe prometi dois mil cruzados os quais ordeno aos meus testamenteiros lhe satisfaçam, das oitocentas oitavas que me devem os que compraram a cachoeira por assim lhe ter prometido(...)

(...)minha filha ilegítima Izabel Furtado Cubas um conto de reis que lhe deixo a saber dois mil cruzados para seu dote e duzentos mil réis para seu vestuário e assim deixo também se dêem a minha filha ilegítima Anna Maria outro conto de réis a saber outros dois mil cruzados para o dote e duzentos mil réis também para seu vestuário assim mais deixo que se dará a meu irmão Manoel Fernandes Cubas quatrocentos mil réis em dinheiro e assim deixo a minha neta a filha mais velha de Antonio Cabral, duzentos mil réis em dinheiro e também deixo se da à Andreza de Castilho pelos serviços dela que há tantos anos tenho recebido e o que mais é pelo amor de Deus Nosso Senhor duzentas oitavas de ouro em pó (...)

Os costumes mudaram ...

2 REVISTA FEMININA

PARA AS JOVENS DESPOSADAS

Dia venturoso, dia cheio de luz! Quanto tempo o esperou, o desejou, anciosamente, a moça para ver brilhar em seu dedo o anel de desposada! Em seus sonhos mais remotos apparece sempre esta preocupação constante do homem amado, que a escolherá entre todas e collocará em s mão, pequenina e branc a sua mão, leal e forte.

3

Ao Público

Tendo se ausentado de minha casa no dia 23 do mez p. p. minha mulher Maria Eugenio de Jesus, e sciente do seu incorreto proceder para com a minha pessoa o que provo se preciso for, declaro a quem interessar possa e ao público em geral que não me responsabiliso por conta alguma que a dita minha mulher contrahir.

S. Roque, 6 de junho de 1908

João Lessa.

Madame Carlota Oswald, participa ao publico desta capital, que dá lições de piano, tanto em sua caza, como pelas cazas particulares. Pode ser procuradas, de manhã, das 8 ás 10 horas; detarde, das 4 por diante. 4

Boas ManeiraS

Os modos à mesa eram preocupação dos paulistanos abastados e em 1872, um dos livros de sucesso é o novo manual do bom-tom. Algumas de sua regras de ouro eram:

"Nunca se apresentar à hora do jantar sem ser convidado; não levar cães nem crianças; não escarrar nem falar em moléstias ou em assuntos que causem nojo; não soprar na sopa quente; não levar o prato à boca; não cheirar a comida; comer de garfo e faca é de bom-tom; assoar-se com ligeireza e logo tornar a meter o lenço no bolso; limpar a boca com o guardanapo; jamais atirar bolinhas de pão em qualquer dos vizinhos". 6

Josino do Nascimento Silva e sua familia, se por ventura não deram sua despedida á todas as pessoas que, tanta benevolencia lhes manifestaram, nesta cidade, pede desculpa. Os inconvenientes de uma viagem proxima, e encommodos de saude talvez lhes fizessem recahir em alguma falta.

Ella é pois involuntaria. Aproveitam a occasião para reiterar os protestos de gratidão que os ligam aos habitantes de S. Paulo, que jámais esqnecerám.

No Rio de Janeiro terám um prazer especial, se por ventura as pessoas de sua amizade invocarem seus serviços.

S. Paulo 7 de Julho 1854.

4

Para os vossos enterros preferia a

Casa Rodovalho

a alegria dos herdeiros

5

Anel perdido

Perdeu-se um com um brilhante grande, desde á rua 15 de Novembro, á rua da Caixa d'Agua. Gratifica-se a quem entregar á rua 15 de Novembro n. 42.

3 2

4

Acreditava-se em cada coisa...

Crendices

Na passagem do século XIX para o século XX os paulistas acreditavam em cada coisa... E muitas dessas crendices existem até hoje!

Recortar uma cruz bem funda na madeira do mourão da porteira do sítio impede a entrada de lobisomem e coisa-ruim.

Amarrar uma palha no dedinho do pé cura soluço.

Para a pipoca arrebentar direito é preciso bater com a escumadeira na testa e dizer: "tórra, pipoca...Nhá maria sororóca."

Comer com o chapéu na cabeça é comer com o diabo.

Deixar a vassoura com o varredor para cima, atrás da porta, expulsa visita chata.

Pentear o cabelo à noite traz doença e morte. Remexer em formigueiro durante a época de chuva faz o tempo firmar.

Doce tortura: é preciso andar na moda

O cronista Jorge Americano observou que havia duas constantes na moda feminina no começo do século XX, importada da França. Uma era o espartilho, armação de fitinhas de aço ou de barbatana destinada a dar realce aos seios e comprimir o ventre da mulher. O perfil feminino podia ser traçado por uma linha vertical: da cintura para cima, o corpo era projetado para a frente da linha, e da cintura para baixo era comprimido para trás. A outra constante eram as saias de arrastar. A senhora "apanhava a saia por trás, com a mão, e mantinha-a sempre segura, num gesto elegante, que evitava que a saia fizesse a varredura das ruas".

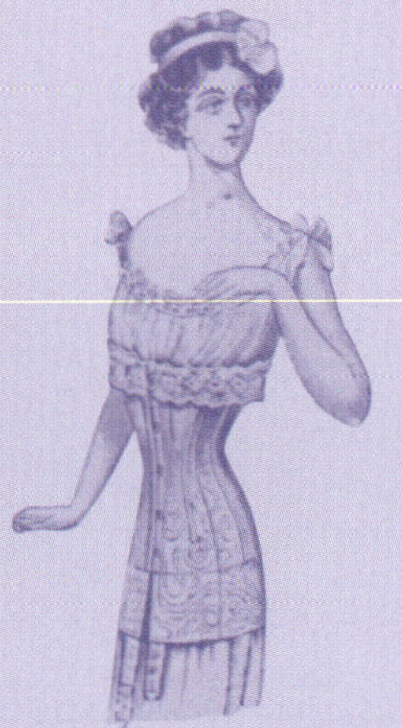

7

A Casa Coelho

Recebeu um lindo e variado sortimento de "escossez novidade" para confecção dos vestidos dos ultimos figurinos. Meias, lenços, collarinhos, camisas e gravatas. A "Casa Coelho" é que vende por preços modicos

SORTIMENTO CHIC

TAUBATÉ

8

Au Bon Marché

CASA MATHIAS

RUA DE S. BENTO, 73

Chegaram os leques de madreperola e marfim a

RENAISSENCE

4

Ao Chic Paulistano

ALFAIATARIA ESPECIAL

França & Cardoso

RUA BOA VISTA, 50-A

S. PAULO

Casa fundada em 1888

Especialidade em casacas

TODAS AS FAZENDAS SÃO RECEBIDAS DIRECTAMENTE DA EUROPA

4

Moda para mulheres

9

Moda para crianças

10

11

No traje das normalistas em visita ao couraçado São Paulo, em Santos, o chapéu é item obrigatório

INVERNO

A "Casa Coelho" está recebendo um variado sortimento de artigos para o inverno.

Bellissimos paletots de frio para senhoras e meninas. Variado sortimento de boâs de pelle, chales de merinó, cazemira, de malha; etc.

Flanellas, feltros, "draps", cazemiras para sobretudos, paletots, etc, etc.

Rua Carneiro de Souza—15 Largo da Matriz—3

TAUBATE'

8

Mãos à obra

Preciosos trabalhos de senhoras
Muito fáceis de confeccionar em casa

12

O luto elegante

CARTAS DE ENTERRO vende-se nesta typographia, e também apromptam-se especiaes, aqualquer hora do dia ou da noite.

Além dos trajes para o dia-a-dia e as ocasiões festivas, as mulheres de posses precisavam ter um guarda-roupa complementar, com roupas escuras para os períodos de luto.

Dois modelos para luto pesado

Saúde e beleza de mãos dadas

Como ter um corpo saudável e uma aparência atraente, numa época em que a prática de exercícios regulares dava os primeiros passos?

8

15

16

Remédios, fortificantes miraculosos, benzimentos e poções combatiam friagem, bronquite e outros males.

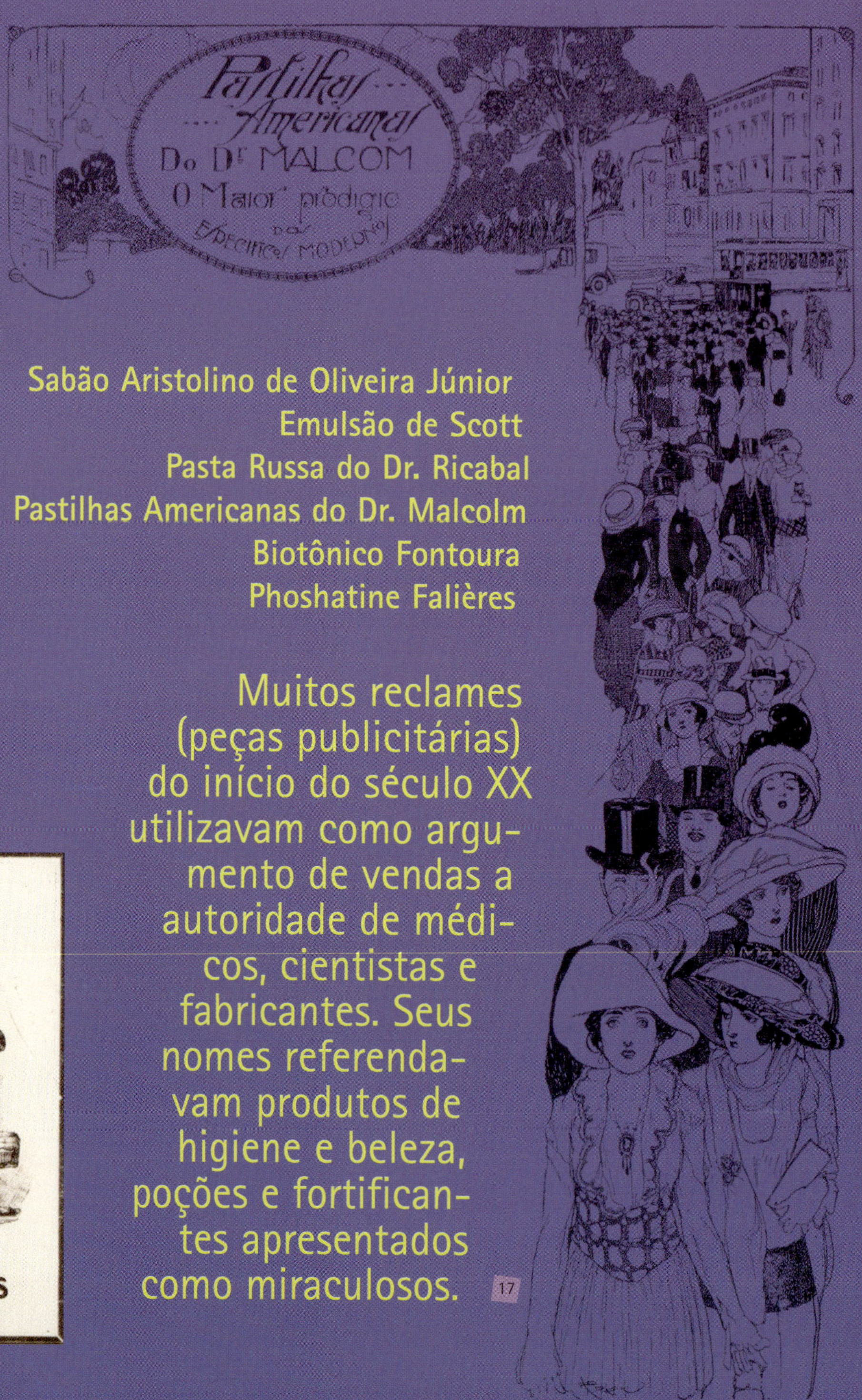

Sabão Aristolino de Oliveira Júnior
Emulsão de Scott
Pasta Russa do Dr. Ricabal
Pastilhas Americanas do Dr. Malcolm
Biotônico Fontoura
Phoshatine Falières

Muitos reclames (peças publicitárias) do início do século XX utilizavam como argumento de vendas a autoridade de médicos, cientistas e fabricantes. Seus nomes referendavam produtos de higiene e beleza, poções e fortificantes apresentados como miraculosos.

TAYUYA
de S. João da Barra
Cura a SYPHILIS rheumatismo e impureza do sangue.
Para a
Belleza da Pelle
Usae o
SABÃO
ARISTOLINO
liquido aromatico, an
tiparasitario, anti-mi
antiseptico
Manchas, Brotoejas, Co-
Empigens
Sarna,
TOSSE?
Usae somente o xarope de
GRINDELIA
de Oliveira Junior

15

A ALEGRIA DE VIVER RESIDE
NA SAUDE E NA BELLEZA
Malzbier
da
antarctica
DÁ SAUDE E BELLEZA
Malzbier

18

O cheirinho bom dos quitutes

Das receitas do Cozinheiro Imperial, primeiro livro de culinária brasileiro, aos segredos das rainhas do lar, anotados em cadernos e transmitidos de mãe para filha

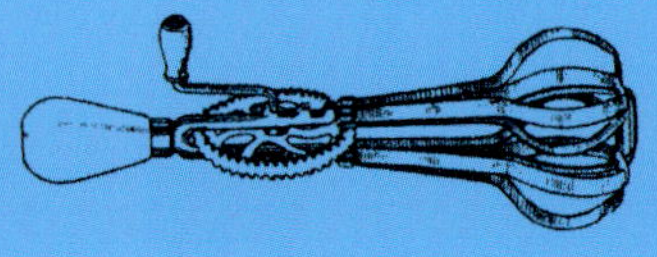

Pudim de Pão

Ponha-se em uma cassarola o miôlo de três ou quatro vinténs de pão, deite-se-lhe por cima meia camada de leite fervendo; em estando ensopado ajuntem-se-lhe quinze gemas de ovo uma quarta de manteiga clarificada ou de tutano de vaca, casca de limão ou laranja picada, açúcar ralado e algumas passas de Corintho; tempere-se de sal, espécies finas, meio quartilho de vinho da Madeira; misture-se tudo com as claras batidas, ate-se em um guardanapo untado de manteiga por dentro e enfarinhado com farinha de trigo, deite-se em uma panela com água fervendo, e assim continuará até estar cozido; depois

Cozinheiro Imperial Eduardo & Henrique Laemmert, 1852.

Biscoitos Ingleses Batidos

Um arratel de açúcar, oito ovos, quatro destes com claras; bate-se muito bem e depois deita-se-lhe uma quarta de manteiga derretida, a casca de uma laranja azeda picada, a terça parte de uma noz moscada e arratel e meio de farinha de trigo; untando-se uma lata com manteiga, deita-se-lhe dentro esta massa que fique bem unida, e em estando cozida parte-se em bocadinhos como a marmelada e tornam em latas ao forno a tostar pelos cortes.

Cozinheiro Imperial Eduardo & Henrique Laemmert, 1852.

19

20

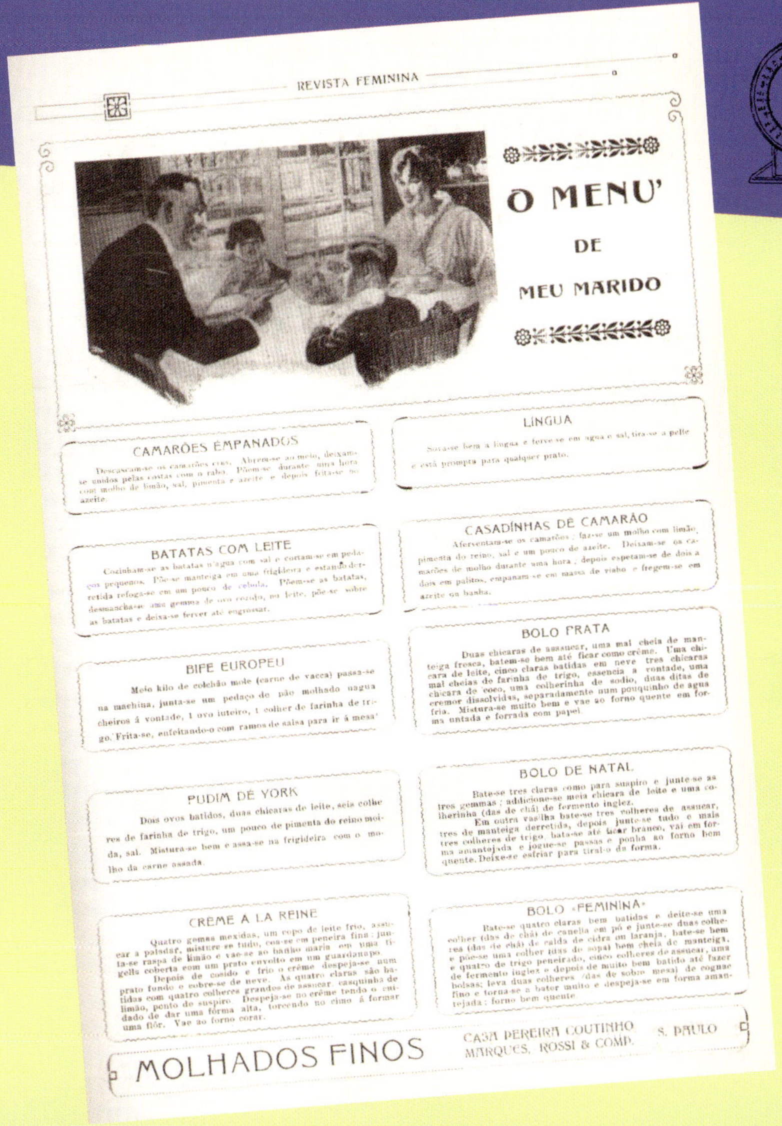

REVISTA FEMININA

O MENU' DE MEU MARIDO

CAMARÕES EMPANADOS

Descascam-se os camarões crus. Abrem-se ao meio, deixam-se unidos pelas costas com o rabo. Põem-se durante uma hora com molho de limão, sal, pimenta e azeite e depois frita-se no azeite.

LINGUA

Sova-se bem a lingua e ferve-se em agua e sal, tira-se a pelle e está prompta para qualquer prato.

BATATAS COM LEITE

Cozinham-se as batatas n'agua com sal e cortam-se em pedaços pequenos. Põe-se manteiga em uma frigideira e estando derretida refoga-se em um pouco de cebola. Põem-se as batatas, desmancha-se uma gemma de ovo cozido, no leite, põe-se sobre as batatas e deixa-se ferver até engrossar.

CASADINHAS DE CAMARÃO

Aferventam-se os camarões; faz-se um molho com limão, pimenta do reino, sal e um pouco de azeite. Deixam-se os camarões de molho durante uma hora; depois espetam-se de dois a dois em palitos, empanam-se em massa de vinho e fregem-se em azeite ou banha.

BIFE EUROPEU

Meio kilo de colchão mole (carne de vacca) passa-se na machina, junta-se um pedaço de pão molhado nagua cheiros á vontade, 1 ovo inteiro, 1 colher de farinha de trigo. Frita-se, enfeitando-o com ramos de salsa para ir á mesa.

BOLO PRATA

Duas chicaras de assucar, uma mal cheia de manteiga fresca, batem-se bem até ficar como crême. Uma chicara de leite, cinco claras batidas em neve tres chicaras mal cheias de farinha de trigo, essencia a vontade, uma chicara de coco, uma colherinha de sodio, duas ditas de cremor dissolvidas, separadamente num pouquinho de agua fria. Mistura-se muito bem e vae ao forno quente em forma untada e forrada com papel.

PUDIM DE YORK

Dois ovos batidos, duas chicaras de leite, seis colheres de farinha de trigo, um pouco de pimenta do reino moida, sal. Mistura-se bem e assa-se na frigideira com o molho da carne assada.

BOLO DE NATAL

Bate-se tres claras como para suspiro e junte-se as tres gemmas; addicione-se meia chicara de leite e uma colherinha (das de chá) de fermento inglez.

Em outra vasilha bate-se tres colheres de assucar, tres de manteiga derretida, depois junte-se tudo e mais tres colheres de trigo, bata-se até ficar branco, vai em forma amanteigada e jogue-se passas e ponha ao forno bem quente. Deixe-se esfriar para tiral-o da forma.

CRÊME A LA REINE

Quatro gemmas mexidas, um copo de leite frio, assucar a paladar, misture-se tudo, coa-se em peneira fina; junta-se raspa de limão e vae-se ao banho maria em uma tigella coberta com um prato envolto em um guardanapo.

Depois de cosido e frio o crême despeja-se num prato fundo e cobre-se de neve. As quatro claras são batidas com quatro colheres grandes de assucar, casquinha de limão, ponto de suspiro. Despeja-se no crême tendo o cuidado de dar uma fórma alta, torcendo no cimo á formar uma flôr. Vae ao forno corar.

BOLO «FEMININA»

Bate-se quatro claras bem batidas e deite-se uma colher (das de chá) de canella em pó e junte-se duas colheres (das de chá) de calda de cidra ou laranja, bate-se bem e põe-se uma colher (das de sopa) bem cheia de manteiga, e quatro de trigo peneirado, cinco colheres de assucar, uma de fermento inglez e depois de muito bem batido até fazer bolsas; leva duas colheres (das de sobre mesa) de cognac fino e torna-se a bater muito e despeja-se em forma amanteigada; forno bem quente.

MOLHADOS FINOS — CASA PEREIRA COUTINHO — MARQUES, ROSSI & COMP. — S. PAULO

1

Quem é o caipira?

A literatura paulista abordou as figuras do caipira e do imigrante, mostrando-os como contestadores dissimulados da cultura pedante das elites

Cornélio Pires e Alexandre Marcondes Machado - conhecido pelo pseudônimo de Juó Bananére - registraram, cada um a seu modo, a esperteza da gente simples de São Paulo, o primeiro com seus "causos" caipiras, e o segundo pelo seu modo peculiaríssimo de recriar a fala dos imigrantes italianos mesclada de um caipirismo que zomba da cultura de fachada.

Um dos "causos" caipiras de Cornélio Pires:

- De quem é esse retrato?
- É de minha mãe.
- E aquele outro?
- É de meu pai.

E olhando a de um burro bonitão, de sete palmos de altura e arreio enfeitado, arriscou:

- Este também é da família?
- *Nhor*, não. *Mercê tá ingando*, esse *num* é retrato.
- Que é então?
- É *espeio*...

2

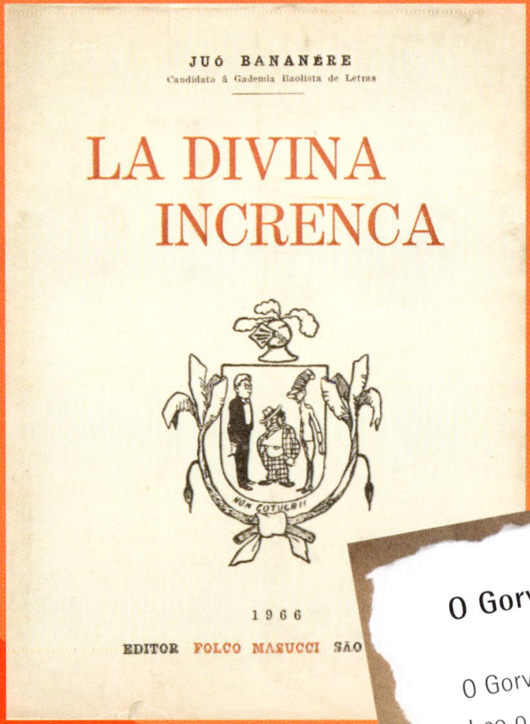
JUÓ BANANÉRE
Candidato à Gademia Baolista de Letras

LA DIVINA INCRENCA

1966

EDITOR FOLCO MASUCCI SÃO

Veja um exemplo do "dialeto" de Juó Bananére:

O Gorvo i o Raposo

O Gorvo, danado da a vida,
I co o logro che illo livó,
Pigô um pidaço di górda
I s'inforcô.

3

Um exemplo de paródia dessacralizadora e implacável de Juó Bananére é o seu poema "Amore Co Amore Si Paga", sobre "Nel Mezzo del Camim...", de Olavo Bilac.

NEL MEZZO DEL CAMIN...

Cheguei. Chegaste. Vinhas fatigada
E triste, e triste e fatigado eu vinha,
Tinhas a alma de sonhos povoada,
E a alma de sonhos povoada eu tinha...

E paramos de súbito na estrada
Da vida: longos anos, presa à minha
A tua mão, a vista deslumbrada
Tive da luz que teu olhar continha.

Hoje, segues de novo... Na partida
Nem o pranto os teus olhos umedece,
Nem te comove a dor da despedida.

E eu, solitário, volto a face, e tremo,
Vendo o teu vulto que desaparece
Na extrema curva do caminho extremo.

AMORE CO AMORE SI PAGA

(Pra migna anamurada)

Xiguê, Xigaste! Vigna afatigada i triste
I triste i afatiagdo io vigna;
Tua tigna a arma povolada di sogno,
I a arma povolada di sogno io tigna.

Ti amê, m'amasti! Bunitigno io éra
I tu tambê era bunitigna;

Tu tigna uma garigna di féra
E io di féra tigna una garigna.

Una veiz ti begiê a linda mó
I a migna tambê vucê begió.
Vucê mi apisô nu pé, e io non pisé no da signora.

Moltos abbraccio mi deu vucê,
Moltos abbraccio io tambê ti dê.
U fóra vucê mi deu, e io tambê ti dê u fóra.

O soneto de Cornélio Pires, depois de negar astutamente todas as possibilidades de descendência do caipira paulista, dos bugres aos macacos, termina por uma resolução que imitava um dito muito comum à bonomia da época:

- O senhor por acaso não descende
dos bugres que moravam por aqui?
- Hom'eu num dizê, vancê cumpreende
que essa gente inté hoje nunca vi.

Mais porém o Bernardo diz-que intende
Que os moradô antigo do Brasi
Gerava de macaco!... Inté me ofende
Vê um véio cumo ele, ansim, minti.

- D'outra feita um cabocro - aí um caiçara
- diz-que ansci um de dois e inté de treis,
quano estralava um gomo de taquara!

"Nóis num tem parente portugueis
nem mico, nem quati, nem capivara...
Semo fio de Deus cumo vancêis".

4

ASPECTOS URBANOS

"Quando a notte stá safada,
I non tê gaiz i né lua,
Tê a luiz do teu sorriso
O varredore da rua.

Quano o dia stá safado
I tê a puera que avua
Tê tambe a carrocinha
Du varredore da rua.

3

Juó Bananére

CAIPIRA

Nóis aprendemo na roça
a fazê tudo o que possa
tudo o que pudé fazê
sangrando os calo da mão
pra nunca fartá o pão
prá ingrato como mecê.

O caipira, sinhá dona,
dorme num saco de lona
cobertô quase não tem
de dia o roçado pranta
de noite na viola canta
e é feliz como ninguém...

Elpídio dos Santos

5

Jeca Tatu, um personagem imortal

Muita gente identifica o brasileiro, e em especial o brasileiro do campo, ao Jeca Tatu, criação imortal de Monteiro Lobato. Mas, ao longo do tempo, o escritor criou três versões dessa figura torta e emblemática.

O primeiro Jeca surgiu em 1918 no livro Urupês. Era uma sátira brilhante e impiedosa do homem do campo, mostrando-o como um personagem fragilizado que, "no meio de tanta vida, não vive".

O segundo, chamado de Jeca Tatuzinho, nasceu em 1925 nas páginas do Almanaque do Biotônico Fontoura. A preguiça e a falta de vigor não eram mais aspectos inerentes ao caipira e sim condições que poderiam ser superadas pelo uso de medicamentos.

O terceiro Jeca recebeu o nome de Zé Brasil, título de um livro de Lobato publicado em 1947. Dessa vez, a fragilidade do homem do campo não era inata e nem resultava de falta de medicamentos. O principal responsável pela miséria do caipira era a ordem social existente no Brasil e especialmente no campo, dominado pelo latifúndio.

Missas solenes, religiosidade popular, *folguedos*, ritmos e danças caipiras - tudo isso se mesclava nas festas realizadas nos pequenos núcleos urbanos e nas áreas rurais

Hoje é dia

Convite para a preparação das festividades do Divino Espírito Santo

CONVITE

Percorrer as ruas da cidade, no domingo 25 do corrente com as bandeiras do Divino Espírito Santo, afim de obter esmolas para a festa. Acompanhar as mesmas bandeiras que sahirão as 10 horas da manhã, da casa do Ilmo. Sr. Bento Paes de Barros, à rua da Palma.

Francisco José de Andrade.

Imprensa Ytuana - Itu em 22/03 1883 p. 3

de festa!

FESTA DO SENHOR BOM JESUS DA PEDRA FRIA

Exmo. Snr.

Nós abaixo assignados, encarregados de fazer a festa do Senhor Bom Jesus da Pedra Fria, nos dias 25 e 26 de Setembro e querendo que as mesmas solemnidades se revistam de todo explendor viemos respeitosamente pedir a V. S. um auxílio qualquer, que póde ser em dinheiro ou em prendas.

Scientes de que V. S. nos prestará seu valioso auxílio ficamo desde já agradecidos pedindo a mesmo Bom Jesus em seu favor todas as prosperidades possiveis.

Pedra Fria 10 de Agosto de 1909.

OS FESTEIROS
Joaquim Rodrigues da Silva
Sebastião Leme
Gertrudes Barbosa
Maria Julia da Fonseca

1

PAROCHIA DE CABREUVA

GRANDE ROMARIA

Ao tradicional Santuário do Senhor Bom Jesus de Pirapóra

No dia 18 de abril, Domingo, realisar-se-á uma grande e piedosa romaria, que sahirá desta cidade, endereçada ao Santuário do Senhor Bom Jesus de Pirapóra.

Todos os Senhores romeiros deverão, nesse dia, sahir de Cabreúva logo cedo, de sorte que, às 9 horas da manhã, se encontrem reunidos nas proximidades de Pirapóra.

Incorporados então, seguirão processionalmente até ao Santuário, onde assistirão ao Santo Sacrifício da Missa.

O regresso dar-se-á ás 15 horas.

Nota: Os Senhores romeiros poderão fazer esta viagem, como melhor se lhes afigurar: de auto, de jardineira, a cavalo, a pé, etc.

O Vigario convida todos os seus queridos parochianos para esta eloquente e piedosa manifestação de fé.

Cabreúva, 2-4-937

O VIGARIO
Pe. Arthur Leite de Souza

1

Vamos dançar?

Nos salões elegantes do Brasil do final do século XIX dançava-se valsa, polca, mazurca, xote e cantava-se árias de ópera. As toadas e modinhas nas serenatas, o choro e a dança do maxixe, eram a música do povo.

2

Maxixe, a dança proibida

Os pares enlaçam-se pelas pernas e pelos braços, apóiam-se pela testa num quanto possível gracioso movimento de marrar e, assim unidos, dão a um tempo três passos para diante e três para trás, com lentidão. Súbito, circunvoluteiam (...) e vão avançando e retrocedendo, como a quererem possuir-se''. (Descrição do jornalista João Chagas, 1897.) Perseguida pela polícia, essa dança foi tema, no Rio, de um espetáculo de revista (1906), com texto de João Foca e Bastos Tigre. Trechos: ''O cavalheiro segura/ A cavalheira com jeito/ Pouco abaixo da cintura/ E vai chamando ela ao peito./ Ela, a cara, toda terna/ Gruda na cara do meco/ E depois, perna com perna,/ Caem os dois noperereco/ (...) Mas eu gosto é quando a gente/ Incói o corpo e... mergúia''.

O maxixe, foi a primeira dança urbana brasileira, surgida por volta de 1870 como resultado da mistura da polca com o lundu - dança sensual praticada por grupos negros cujo clímax era a célebre umbigada. As famílias de classe média mais conservadoras , que apreciavam o maxixe nos teatros de revista, chamavam a polícia, escandalizadas, quando o viam ser dançado.

Pega na viola que ponteia

Simbolizada pela viola caipira, a cultura popular de tradição oral fala alto nos corações e mentes dos paulistas. Mesmo gente que não tem raízes no campo curte as músicas sertanejas tradicionais.

3

CATIRA

Pra se dançar o catira
tem que se bater o pé
vem depois em palmeado
só não dança quem não quer
Pro catira sair gostoso
tem que ser bem animado
pra se dançar o catira
tem que Ter bons violeiros
nós tocando de viola
podem vir os catireiros.

Que Moça Bunita. . .

Que moça bunita...
Que linda figura,
Bem feita de corpo,
Fina de cintura
Seu rosto modelo,
Parece pintura,
É chumbada de ôro
Sua dentadura.

Ela não é arta,
É de boa artura.
Não é muito baxa,
Tem linda estatura.
E não é morena,
Ela tem arvura...
Ela é brasileira,
Sangue sem mistura!

Um beijinho dela
Se sente a doçura...
Ermo que chupá
U'a manga maduira!
O corpinhodela
É machucadura.
De longe machuca
E de perto cura...

Trecho da moda composta por Nitinho Pinto, que cantava acompanhado da viola de Marcelino Germano

RIO DE LÁGRIMAS

O Rio de Piracicaba
vai jogar água pra fora
quando chegar a água
dos olhos de alguém que chora

Lá no bairro que eu moro
só existe uma nascente
a nascente dos meus olhos
já formou água corrente
pertinho da minha casa
já formou uma lagoa
com lágrimas dos meus olhos
por causa de uma pessoa

Eu quero apanhar uma rosa
minha mão já não alcança
eu choro desesperado
igualzinho uma criança
duvido alguém que não chore
pela dor de uma saudade
eu quero ver quem não chora
quando ama de verdade.

Piraci, Lourial dos Santos e Tião Carreiro

Revistas e Almanaques

to presentes
no final do
século XIX
e início do
éculo XX, os
almanaques e
stas traziam
informações
agrícolas,
científico,
ra política,
ortes e moda
para os
brasileiros
fabetizados.

As publicações da época incluiram várias revistas dirigidas à mulher, já que esta começava a se mostrar uma consumidora importante. Os modelos femininos veiculados reforçavam a tradicional postura de "rainha do lar".

2

2

Devido à censura vigente, a revista semanal A Rolha dizia-se "um semanário independente... enquanto puder".

Até irromperem as últimas décadas do século XIX, São Paulo tinha muito pouco a oferecer a jovens estudantes sequiosos por desbravar a vida. Numa carta enviada à mãe, por volta de 1840, o poeta Álvares de Azevedo, da Lira dos 20 anos, desfiava suas queixas:

"Não há passeios que entretenham, nem bailes, nem sociedades (...) Uma cidade de mortos - não há nenhuma cara bonita em janela, só rugosas e desdentadas - e o silêncio das ruas só é quebrado pelo ruído das bestas sapateando no ladrilho das ruas". [1]

A cidade de SÃO PAULO

Uma sede de capitania torna-se capital de província, pólo acadêmico e, numa arrancada vertiginosa, cidade de imigrantes, centro financeiro e fabril e metrópole multicultural

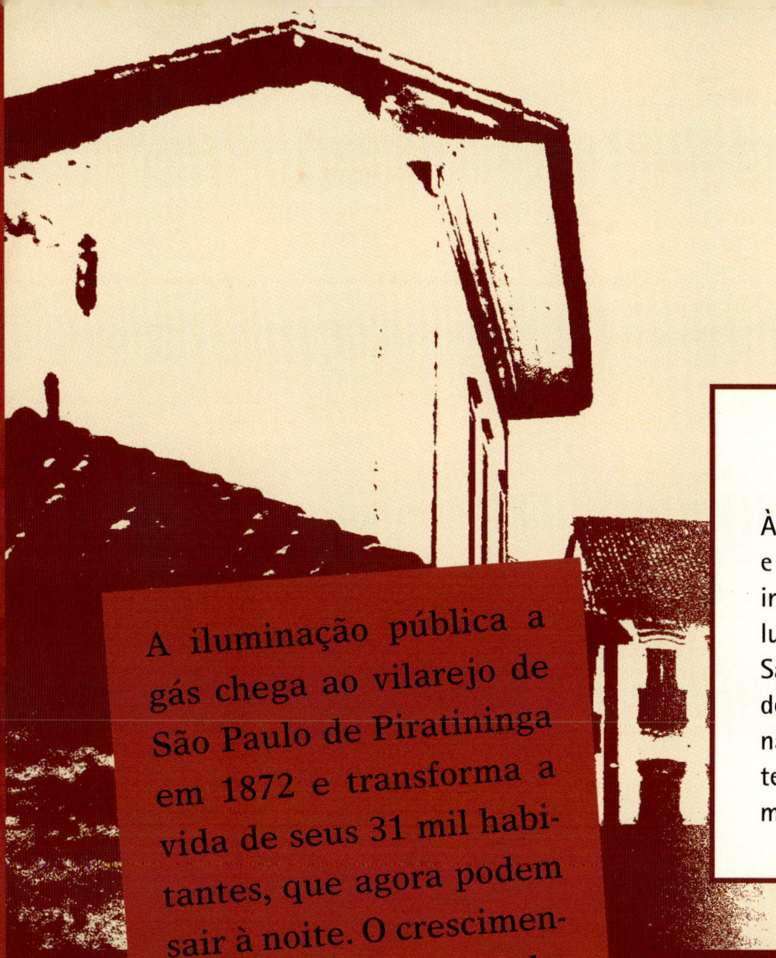

A iluminação pública a gás chega ao vilarejo de São Paulo de Piratininga em 1872 e transforma a vida de seus 31 mil habitantes, que agora podem sair à noite. O crescimento assombroso da produção e da exportação de café sinaliza tempos de prosperidade.

De 1829 a 1847, os lampiões a óleo de peixe e de mamona iluminavam as ruas centrais da cidade de São Paulo.

Lampião de gás

Às seis e meia da tarde, de capote e chapéu, enfrentando a garoa e a semi-escuridão, ele empunha uma longa vara com uma bucha incandescente na ponta. É o acendedor de lampiões, o "vaga-lume", em seu trabalho cotidiano. Primeiro, os lampiões da rua São Bento. Depois, os das ruas Direita e da Imperatriz, chamada de XV de Novembro após a proclamação da República. A jornada não é muito longa: por volta de 1870, na capital paulista, existem apenas 200 lampiões, que servem a uma população de 20 mil habitantes.

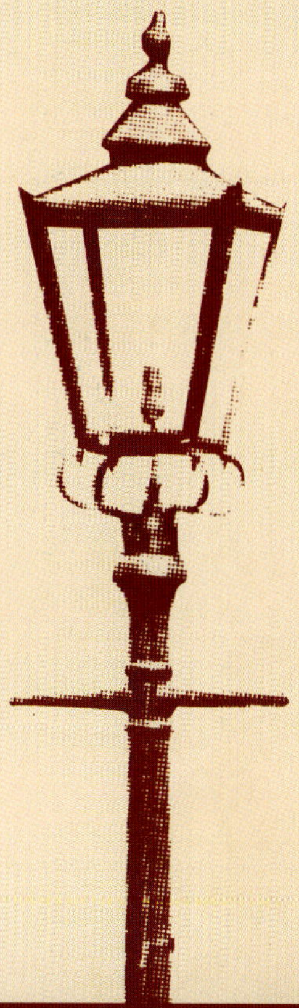

A Chegada da Luz

Em 1872 o acendedor de lampiões que cruzavam as ruas da cidade tornou-se também um arauto das boas notícias. Pela primeira vez, parte da população de São Paulo podia circular pelas ruas à noite sem mergulhar na escuridão. Em 10 de maio daquele ano, foi inaugurada na cidade a iluminação pública a gás, obtido pela queima de carvão mineral, o coque. Antes disso, a iluminação de São Paulo era tão precária que boa parte dos habitantes só arriscava passeios ou deslocamentos noturnos se o céu estivesse claro e a lua, cheia.

O humor dos “macarrônicos” 1

A língua italiana deu origem a um novo estilo literário nos anos 20: o dos chamados “cronistas macarrônicos”. Eles derramavam seu veneno na imprensa, satirizando tanto os traços ainda provincianos da cidade quanto o progresso que chegava velozmente; tanto o universo caipira quanto o dos imigrantes.

“São Paulo é o paraíso das coisas excêntricas: tem uma rua Direita, que é torta; uma rua Formosa, feíssima; uma rua das Palmeiras sem palmeiras; e o maior viaduto da terra do café tem o nome de... viaduto do Chá!”

A CIDADE DE SÃO PAULO NO ANNO DE 1822

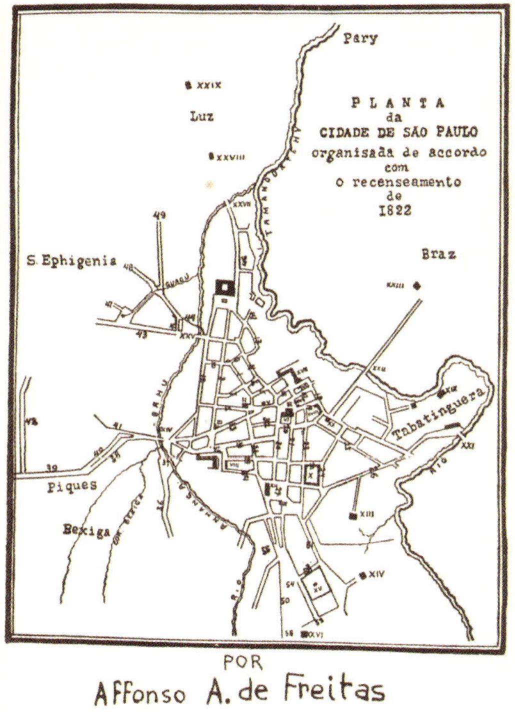

RUAS PRINCÍPAES

1 — Rua do Commercio (hoje Alvares Penteado)
2 — „ Direita
3 — „ de São Bento
4 — „ do Rosario (hoje 15 de Novembro)
5 — Tavessa das Casinhas (hoje rua do Thesouro)
6 — Becco da Cachaça (hoje inicio da rua da Quitanda)
7 — Rua do Cotovello (hoje rua da Quitanda)
8 — Becco do Inferno (hoje Travessa do Commercio)
9 — Canto do Bom Jesus
10 — Becco da Lapa (hoje Travessa do Grande Hotel)
11 — Pateo de São Bento
12 — Rua de São José (hoje Libero Badaró)
13 — „ da Boa-Vista
14 — Becco do Barsa ou do Porto Geral (hoje Porto Geral)
15 — Travessa do Collegio (hoje rua Anchieta)
16 — Pateo da Sé (hoje desapparecido p. formação da actual Praça)
17 — Rua q. vae p. Santa Thereza (hoje rua Wenceslâu Braz)
18 — „ de Santa Thereza (hoje do Carmo)
19 — „ da Fundição (hoje Floriano Peixoto)
20 — „ Detraz do Santissimo (hoje de Santa Thereza)
21 — „ do Santissimo (hoje desapparecida: foi por muito tempo chamada da Esperança e, por ultimo, Capitão Salomão
22 — Travessa do Quartel
23 — Rua do Quartel (hoje 11 de Agosto)
24 — „ Detraz do Quartel (hoje Annita Garibaldi)
25 — „ das Flores
26 — „ Detraz da Boa-Morte (hoje da Tabatinguera)
27 — Pateo da Cadeia (hoje Praça João Mendes)
28 — Rua do Principe (hoje Quintino Bocayuva)
29 — „ da Freira (hoje Senador Feijó)
30 — „ de São Gonçalo (hoje desapparecida: foi, por muito tempo, chamada do Imperador e, por ultimo, Marechal Deodoro)
31 — Travessa do Jogo da Bola (hoje Benjamin Constant)
32 — Travessa do Padre Capão (hoje rua Barão de Paranapiacaba)
33 — Rua do Ouvidor (hoje de José Bonifacio)
34 — „ da Casa Santa (hoje do Riachuelo)
35 — Páteo de São Francisco
36 — Rua do Curral (hoje de Santo Amaro)
37 — Pateo do Bexiga (hoje largo do Riachuelo)
38 — Subida do Piques (hoje rua Quirino de Andrade)
39 — Rua do Piques (hoje da Consolação)
40 — „ do Paredão (hoje Xavier de Toledo 2
41 — „ Nova da Ponte do Lorena (hoje 7 de Abril)

1 ALGUNS NOMES E SEUS SIGNIFICADOS ORIGINAIS:

BUTANTÃ terra dura

ANHANGABAÚ bebedouro dos demônios

PACAEMBU córrego das pacas

ANHEMBI rio dos inhambus

IBIRAPUERA árvore podre

GUARAPIRANGA garça vermelha

JARAGUÁ água que murmura

TAMANDUATEÍ rio de muitas voltas

Centro da cidade de São Paulo no ano de 2004

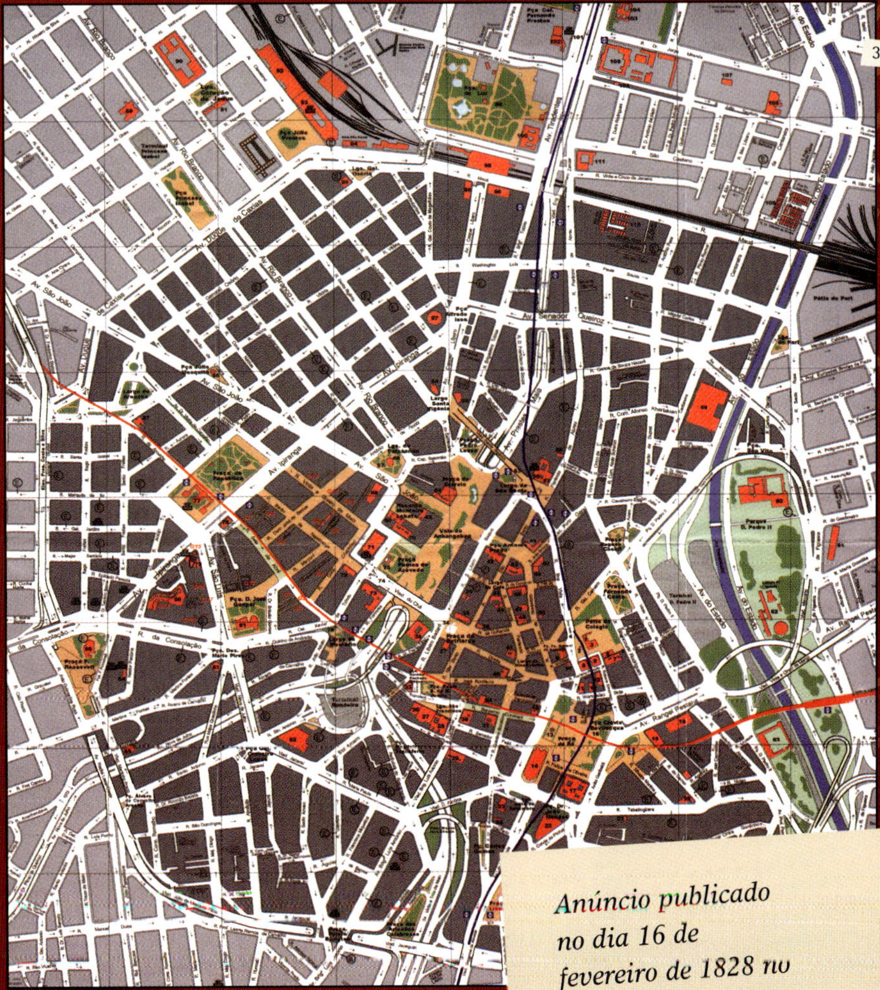

3

Anúncio publicado no dia 16 de fevereiro de 1828 no Farol Paulistano: a maioria das casas paulistanas da época eram erguidas em taipa de pilão.

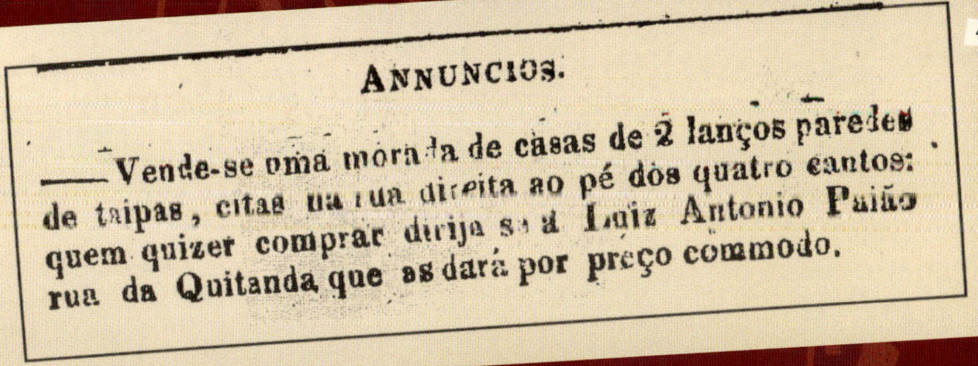

4

Annuncios.

—— Vende-se uma morada de casas de 2 lanços paredes de taipas, citas na rua direita ao pé dos quatro cantos: quem quizer comprar dirija se a Luiz Antonio Paião rua da Quitanda que as dará por preço commodo.

Transporte urbano na cidade de São Paulo

O bonde sem burros

"Uma febre de curiosidade tomou as famílias, as casas, os grupos. Como seriam os novos bondes que andavam magicamente, sem impulso exterior? Eu tinha notícia pelo pretinho Lázaro, filho da cozinheira de minha tia, vinda do Rio, que era muito perigoso esse negócio de eletricidade. Quem pusesse os pés nos trilhos ficam ali grudado e seria esmagado fatalmente pelo bonde. Precisava pular. (...) Um mistério esse negócio de eletricidade. Ninguém sabia como era. Caso é que funcionava. Para isso as ruas da pequena São Paulo de 1900 enchiam-se de fios e de postes. (...) Um amigo de casa informava: "O bonde pode andar até a velocidade de novos pontos. Mas, aí, é um disparada dos diabos. Ninguém agüenta. É capaz de saltar dos trilhos. E de matar todo mundo...' A cidade tomou um aspecto de revolução. Todos se locomoviam, procuravam ver. E os mais afoitos queriam ir até a temeridade de entrar no bonde, andar de bonde elétrico!"

Essas são as lembranças do escritor Oswald de Andrade do dia 7 de maio de 1900, quando uma multidão se reuniu no Largo de São Bento para conhecer a grande novidade: os bondes sem burros.

5

39
V. MARIANNA
1073

5

HOTEL
PENHA
PARA OPERARIOS
123
T.S.P.T.L. & P.Co. No. 6
NEW 2nd CLAS
PASSENGER CA

São Paulo dos estudantes

Em 1828 começa a funcionar na capital paulista a Faculdade de Direito, instalada num antigo convento franciscano. As "troças" dos acadêmicos logo darão um pouco de animação à cidadezinha provinciana e modorrenta, que na ocasião tinha pouco mais de 20 mil habitantes. Mais ainda, a faculdade foi agente aglutinador de pessoas e idéias e a partir dela surgiu uma série de outros serviços na capital paulista, tais como livrarias, cafés, hospedarias, teatros, bailes e jornais. Castro Alves, Álvares de Azevedo, Rui Barbosa e muitos outros brasileiros que se destacaram no cenário político e cultural do país estudaram na faculdade paulistana. Hoje, os acadêmicos de Direito da gigantesca Universidade de São Paulo continuam a freqüentar as Arcadas, termo que designa a velha escola do Largo de São Francisco.

A MODERNIDADE FOI CHEGANDO

PRECURSORES DE AYRTON SENNA

No dia 26 de julho de 1908, realizou-se a primeira prova automobilística oficial de São Paulo - na verdade, do Brasil e de toda a América do Sul. Foi o Circuito de Itapecerica, que ia do Parque Antártica ao centro da cidade de Itapecerica da Serra e retornava à capital, num percurso de 75 km. O vencedor foi o conde Sylvio Penteado, que pilotou um Fiat. A velocidade, nos circuitos de São Paulo e de São Gonçalo, no Rio de Janeiro, oscilava na época em torno de 50 km por hora.

O Fiat de Sylvio Penteado.

1922

Segundo o artista plástico Di Cavalcanti, um dos idealizadores do evento, a Semana de Arte Moderna, realizada em fevereiro de 1922 na cidade de São Paulo, foi "uma semana de escândalos literários e artísticos, de meter os estribos na barriga da burguesiazinha paulistana." De fato, os círculos bem-pensantes da capital paulista reagiram com vaias, latidos e miados à apresentação.

A semana que mudou tudo

Mas os pronunciamentos em favor da liberdade de expressão artística caíram em solo fértil. Os participantes da "semana que mudou tudo" - os artistas plásticos Di Cavalcanti, Anita Malfatti e Victor Brecheret, os escritores Graça Aranha, Menotti del Picchia, Mário de Andrade e Oswald de Andrade, o poeta Manuel Bandeira, os músicos Heitor Villa-Lobos e Guiomar Novaes, entre tantos outros - aos poucos removeram as teias de aranha e os modelos europeus acumulados sobre a cultura brasileira. Desse modo, a Semana de 1922 assumiu um caráter de divisor de águas.

INSPIRAÇÃO

Mário de Andrade

"São Paulo! Comoção de minha vida...
Os meus amores são flores de original...
Arlequinal!... Traje de losangos... Cinza e ouro...
Luz e bruma... Forno e inverno morno...
Elegâncias sutis sem escândalos, sem ciúmes...
Perfumes de Paris... Arys!
Bofetadas líricas no Trianon... Algodoal...
São Paulo! Comoção da minha vida...
Galicismo a berrar nos desertos da América!"

Com os negócios se expandindo, começaram a surgir na cidade hotéis e restaurantes para atender aos caixeiros-viajantes.

5

4

AO BOM GOSTO

Hotel, Restaurante e Pensão

Rua da Boa Vista Ns., 60, 62

S. Paulo

Hotel com comodos bem arejados, limpos e independentes. Diaria a 4$ e 6$000.

Restaurante A' LA CARTE, a preço fixo; aberto até depois dos espectaculos theatraes; serviço esmerado e rapido, de primeira ordem. Gabinetes reservados.

Excellente pensão a 50$000 e 60$000 por mez, com optimo tratamento. Manda-se a domicilio.

Pensão extra *á la carte, á la minute, á vontade,* por 100$000 mensaes.

Serviço de CHOPS das cervejarias Bavaria e Antarctica. Bons vinhos e licores.

Rua da Boa Vista, 60 e 62

6

7

IMPORTANTISSIMO

LEILÃO

DE UM ESPLENDIDO, SOLIDO E CONFORTAVEL

PALACETE

no aprazivel e aristocratico bairro de Hygienopolis

FURTADO DE MENDONÇA

Leiloeiro matriculado e official dos consulados francez, inglez, belga, italiano e allemão, e das secretarias da Agricultura, e Secretaria da justiça e da Segurança Publica do Estado, e das estradas de ferro S. Paulo Railway; com escriptorio á rua do Commercio, 4—Telephone, 774.

Devidamente autorisado pelo

Brazilianische Banck für Deutschland

por conta e ordem do estimado capitalista exmo. sr. JOSE' WEISSOHN residente em Pariz

VENDERA'

Sabbado, 23 do corrente - Sabbado

A's 3 horas da tarde

O esplendido, sumptuoso e bello palacete **"VILLA CORINA"**

á Avenida Hygienopolis, 64

Cujo terreno mede 30,0 m. de frente por 100,0 m. de fundo—Esta riquissima propriedade construida com todo o esmero e capricho, reune em si todos os predicados indispensaveis a uma habitação luxuosa e de todo o conforto e gosto.

O annunciante chama a attenção dos srs. CAPITALISTAS para esta rara occasião em que apresentará a licitação publica, em riquissimo predio que faz honra ao bellissimo bairro de Hygienopolis, cuja pallida descripção se segue :

Aspecto geral : No ponto mais elevado da linha avenida Hygienopolis, no centro de um cuidado e bello jardim, onde se destacam preciosissimos exemplares de plantas raras e exoticas, ergue-se imponente e vistoso PALACETE nonstruido caprichosamente e em condições de SER IMMEDIATAMENTE HABITADO. Ao fundo do magnifico predio encontra-se um primoroso PARQUE e POMAR, onde se encontram : lindissimo tanque, bellas avenidas, quantidade de arvores fructiferas já formadas, entre as quaes: Abacatoeiros, larangeiras de raras especies, jaboticabeiras, figueiras, pereiras, macieiras, ameixeiras e muitas outras. Esplendida horta de verduras. Ao fundo do terreno, todo magnificamente murado, acham-se construidos solidamente : Esplendida «garage», cocheira, accommodações para creados, chauffeur, etc.

Descripção do predio:

No primeiro andar : Espaçoso e bello vestibulo, excellente gabinete para escriptorio, riquissimo salão de recepções, magnifica sala de musica, esplendido salão de fumar com varanda, soberbo salão de jantar contendo fogão de inverno de marmóre de Carrara, lindo salão de bilhar, de onde se descortina um lindissimo panorama, boa copa com elevador da cozinha

No andar superior : Luxuoso dormitorio nobre, quatro esplendidos e arejados dormitorios, esplendida sala de banho, onde se encontram todos os mais aperfeiçoados apparelhos hygienicos e modernos.

No andar terreo : Esplendida cozinha com as mais completas installações e modernos apparelhos. Sala do elevador para a copa, quartos para creados, quarto de banho para creados, esplendida dispensa e espaçosas adegas, Bons tanques internos e externos para lavagem de roupas. Sala de gomma, etc.

Todo o bello palacete possue as mais perfeitas e completas installações de luz e campainhas electricas. Riquissimos lustres

Eis em ligeiras palavras a DESCRIPÇÃO DO BELLO PREDIO cuja venda em

LEILÃO

Effectuar-se-á: **Sabbado, 23 do corrente**

A's 3 horas da tarde

á Avenida Hygienopolis, n. 64

Pelo leiloeiro

FURTADO DE MENDONÇA

A INVASÃO DOS BENS DE CONSUMO

A II Guerra Mundial (1939-1945) deteve temporariamente a legião de eletrodomésticos e outros bens de consumo que chegava ao país. Aproveitando a trégua, a indústria instalada no Brasil reforçou suas posições. Preparava-se o terreno para a arrancada desenvolvimentista da segunda metade da década de 1950.

8

8

Banheira com aquecedor a gás: a novidade doméstica.
O gás substitui também os antiquados fogões a lenha.

As novidades trazidas do exterior não param de chegar, enquanto a indústria instalada no Brasil reforça suas posições

9

Progresso e cosmopolitismo são as palavras de ordem do início do século na capital paulista, pólo financeiro da cafeicultura e centro industrial. Em nome da civilização, o espaço urbano é reformulado: São Paulo torna-se uma cidade em obras. Automóveis, fonógrafos, máquinas de todo tipo, novidades importadas expressam a nova fisionomia paulistana.

10

6

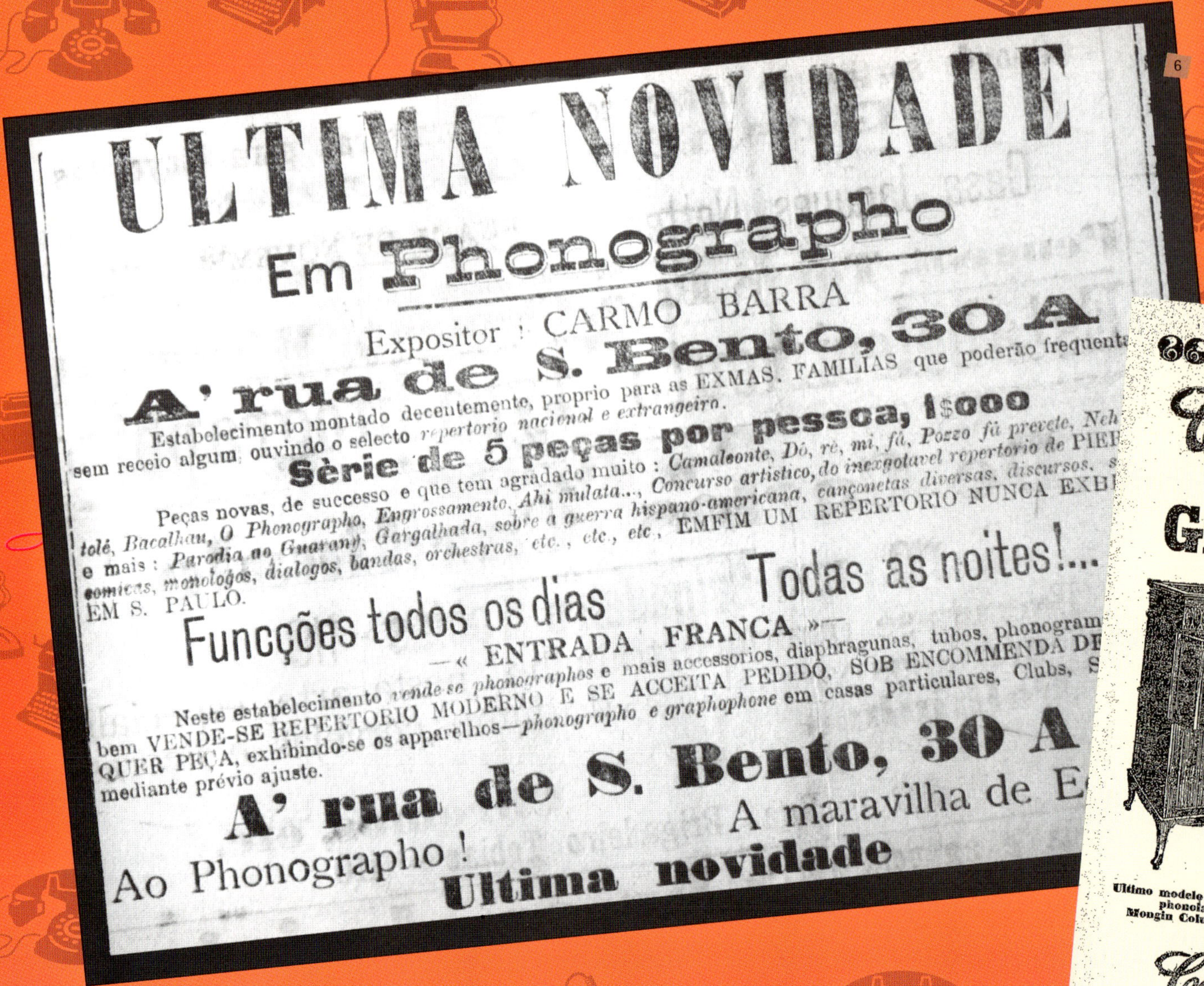

ULTIMA NOVIDADE

Em Phonographo

Expositor : CARMO BARRA

A' rua de S. Bento, 30 A

Estabelecimento montado decentemente, proprio para as EXMAS. FAMILIAS que poderão frequenta[r] sem receio algum, ouvindo o selecto *repertorio nacional e extrangeiro.*

Sèrie de 5 peças por pessoa, 1$000

Peças novas, de successo e que tem agradado muito : *Camaleonte, Dò, rè, mi, fà, Pozzo fà prevete, Neh*[…] *tolé, Bacalhau, O Phonographo, Engrossamento, Ahi mulata..., Concurso artistico,* do *inexgotavel repertorio de* PIE[…] e mais : *Parodia ao Guarany, Gargalhada, sobre a guerra hispano-americana, cançonetas diversas, discursos,* s[…] *comicas, monologos, dialogos, bandas, orchestras, etc., etc., etc.,* EMFIM UM REPERTORIO NUNCA EXB[…] EM S. PAULO.

Funcções todos os dias — Todas as noites!...

—« ENTRADA FRANCA »—

Neste estabelecimento *vende se phonographos* e mais accessorios, diaphragunas, tubos, phonogram[…] bem VENDE-SE REPERTORIO MODERNO E SE ACCEITA PEDIDO, SOB ENCOMMENDA DE[…] QUER PEÇA, exhibindo-se os apparelhos—*phonographo e graphophone* em casas particulares, Clubs, S[…] mediante prévio ajuste.

A' rua de S. Bento, 30 A

A maravilha de E[…]

Ao Phonographo !

Ultima novidade

7

Casa Edison

S. PAULO

Graphonolas

ELECTROLAS

PHONOLAS

e outros mais modernos Grammophones acabam de chegar junto com um escolhidissimo e vasto repertorio em discos duplos nacionaes e estrangeiros, os quaes serão apreciados por todo os amadores de boa musica.

As nossas machinas falantes e musicaes constituem o melhor e mais util presente para todas as occasiões.

Não comprem

sem visital-a

Ultimo modelo de Graphonola Mongin Columbia

Casa Edison

S. PAULO

Rua S. Bento, 38-B — Rua 15 de Novembro, 27—Rua Mauá, 123—GUSTAVO FIGNER

A' rua 15 de Novembro 27 continúa a grande venda de brinquedos a preços sem concorrencia

11

Os novos bens de consumo prometiam abrir as portas a uma vida melhor.

12

11

Os bens de consumo chegaram também aos escritórios.

13

12

6

Irresistíveis...

14

15

6

Os carros começaram a grande invasão.

... e uma palavra final

Bem, a viagem está feita. Ou melhor, uma parte dela. Você visitou, pelas páginas deste almanaque, pedaços de um mundo que pode julgar perdido no tempo, desaparecido nos cantos dos séculos que já se foram.

Mas, uma outra viagem se torna agora possível. Ou melhor, muitas outras viagens, a partir desse contato inicial e do seu dia-a-dia, pelas esquinas, pelas ruas, pelas cidades, estradas e campos de São Paulo. Alguém já disse que o tempo, na verdade, não existe. Ele pode ser apenas uma invenção dos homens. Assim, as vidas, as experiências e os costumes de épocas diferentes dialogam entre si. Sobrevivem uns nos outros.

As faces de São Paulo que hoje conhecemos só puderam ser construídas pela soma de todas as outras faces que este almanaque apresentou. E as aventuras, as conquistas, as derrotas, o saber de tanta gente dos tempos passados, sobrevivem naquilo que hoje temos, fazemos e sabemos. Basta saber procurar no cotidiano. Basta saber revelar os muitos rostos de São Paulo, vivos e ocultos nas histórias, no vocabulário, nos museus, nos livros, na arquitetura, na gastronomia, nas artes e festas populares, nas cantigas dos violeiros. Essas novas e tantas viagens só dependem de você.

Porque nada se perde de vez. Então, nada se pode esquecer. Especialmente numa terra tão capaz de abrir caminhos, de somar vidas, tempos e culturas. Porque, em São Paulo, tudo cabe e tudo vive. Em São Paulo, tudo pode ser.

Créditos

OS EUROPEUS CHEGARAM AO BRASIL

1 AMARAL NETTO, Jayme Coelho. *O Brasil em jornal:* a história em notícia. [s.l.] : Reforma, [s.d.]. v. 1
2 AMARAL NETTO, Jayme Coelho. *O Brasil em jornal:* a história em notícia. [s.l.] : Reforma, [s.d.]. v. 1
3 AMARAL NETTO, Jayme Coelho. *O Brasil em jornal:* a história em notícia. [s.l.] : Reforma, [s.d.]. v. 3
4 AMARAL NETTO, Jayme Coelho. *O Brasil em jornal:* a história em notícia. [s.l.] : Reforma, [s.d.]. v. 15
5 AMARAL NETTO, Jayme Coelho. *O Brasil em jornal:* a história em notícia. [s.l.] : Reforma, [s.d.]. v. 4 e v.8
6 AMARAL NETTO, Jayme Coelho. *O Brasil em jornal:* a história em notícia. [s.l.] : Reforma, [s.d.]. v. 2
7 AMARAL NETTO, Jayme Coelho. *O Brasil em jornal:* a história em notícia. [s.l.] : Reforma, [s.d.]. v. 17
8 AMARAL NETTO, Jayme Coelho. *O Brasil em jornal:* a história em notícia. [s.l.] : Reforma, [s.d.]. v. 17
9 AMARAL NETTO, Jayme Coelho. *O Brasil em jornal:* a história em notícia. [s.l.] : Reforma, [s.d.]. v. 15
10 AMARAL NETTO, Jayme Coelho. *O Brasil em jornal:* a história em notícia. [s.l.] : Reforma, [s.d.]. v. 18
11 AMARAL NETTO, Jayme Coelho. *O Brasil em jornal:* a história em notícia. [s.l.] : Reforma, [s.d.]. v. 4
12 AMARAL NETTO, Jayme Coelho. *O Brasil em jornal:* a história em notícia. [s.l.] : Reforma, [s.d.]. v. 6
13 AMARAL NETTO, Jayme Coelho. *O Brasil em jornal:* a história em notícia. [s.l.] : Reforma, [s.d.]. v. 22
14 AMARAL NETTO, Jayme Coelho. *O Brasil em jornal:* a história em notícia. [s.l.] : Reforma, [s.d.]. v. 17

OS PAULISTAS EM MOVIMENTO: BANDEIRAS, TROPAS, MONÇÕES

1 GÊ, Luiz. *Território de Bravos.* São Paulo : Ed. 34, 1993.
2 Pedestrianismo nas Bandeiras, baseado em texto de O Estado de São Paulo em 1919, por ocasião da entrega dos prêmios para a Prova Estadinho de Pedestrianismo. Citado em Sevcenco, Nicolau. *Orfeu extático na metrópole.* São Paulo : Cia das Letras, 1992.
3 MAIA, Tom ; CAMARGO, Maia Thereza Regina de. *O folclore das tropas:* tropeiros e cargueiros no Vale do Paraíba. Rio de Janeiro : Instituto Nacional do Folclore ; Secretaria de Estado da Cultura de São Paulo, 1981.

CAFÉ COM AÇÚCAR

1 LIMA, Herman. *História da caricatura no Brasil.* Rio de Janeiro : José Olympio, 1963. vol.1.
2 GAZETA DE CAPIVARY. Capivary : [S.N.], n.195, 1904.
3 YVES, Pedro. *Anúncios paulistanos.* São Paulo : Referência, 2004.
4 O PAULISTA. Taubaté : [s.n.], n.27, 12/2/1863.
5 ALMANACH Illustrado do Lavrador Paulista. São Paulo, 1905.
6 O HOMEM DO POVO: jornal panfletário paulista. [s.l. : s.n.], n.1, 1931.
7 REVISTA SULTANA. Jundiaí : [s.n.], 1929.
8 A PROVÍNCIA DE SÃO PAULO. São Paulo : [s.n.], 1877.
9 DIMENSTEIN, Gilberto ; Souza, Okky de. *450 anos luz:* Comgás. São Paulo : Cultura, 2003.
10 O COMMÉRCIO: folha semanal litterária, crítica e noticiosa. Taubaté: [s.n.]. n.7, 1908.
11 MACHADO, Maria Helena. *O plano e o pânico:* os movimentos sociais na década da abolição. São Paulo: EDUSP; Rio de Janeiro: EdUFRJ, 1994.

O PROGRESSO VEIO SOBRE TRILHOS

1 IVES, Pedro. *Anúncios paulistanos.* São Paulo : Referência, 2004.
2 ALMANACH histórico-biographico e indicativo da Comarca de Itu. Itu, 1910.
3 RICARDO, Cassiano. *Poesias Completas.* Rio de Janeiro : José Olympio, 1957.
4 NEPOMUCENO, Rosa. *Música caipira:* da roça ao rodeio. São Paulo : Ed. 34, 1999.
5 Nosso Século. São Paulo : Abril Cultural, 2001. vol.1.
6 SALIBA, Elias Thomé. *Raízes do riso.* São Paulo : Cia das Letras, 2002.
7 Nosso Século. São Paulo : Abril Cultural, 2001. vol.2.

AMBIENTE FAMILIAR

0 Casamento na Família Magalhães Gouvêa. Acervo do Arquivo do Estado de São Paulo.
1 REVISTA DO ARQUIVO MUNICIPAL DE SÃO PAULO. São Paulo : Arquivo Municipal, 1935.
2 REVISTA FEMININA. São Paulo : [s.n.], n.47, 1918.
3 O SANROQUENSE: orgam do Partido Republicano governista local. São Roque : [s.n.], 1908.

4 YVES, Pedro. *Anúncios paulistanos.* São Paulo : Referência, 2004.
5 O HOMEM DO POVO: jornal panfletário paulista. [s.l. : s.n.], n.7, 9/4/1931.
6 DIMENSTEIN, Gilberto ; Souza, Okky de. *450 anos luz:* Comgás. São Paulo : Cultura, 2003.
7 Nosso Século. São Paulo : Abril Cultural, 2001. vol.1.
8 O COMMÉRCIO: folha semanal litterária, crítica e noticiosa. Taubaté: [s.n.]. n.7, 1908
9 REVISTA FEMININA. São Paulo : [s.n.], n.32, 1917.
10 REVISTA FEMININA. São Paulo : [s.n.], n.49, 1918.
11 SANTA CRUZ: Revista mensal de religião-artes-letras-pedagogia. São Paulo : Escolas Salesianas, 1913.
12 REVISTA FEMININA. São Paulo : [s.n.], n.34, 1917.
13 REVISTA FON-FON. Rio de Janeiro : [s.n.], 1907.
14 O PAULISTA. Taubaté : [s.n.], n.27, 12/2/1863.
15 RAMOS, Ricardo. Um estilo brasileiro de propaganda. *Revista ESPM.* São Paulo, Edição Especial 10 anos. jul/ago. 2004.
16 REVISTA FEMININA. São Paulo : [s.n.], n.42, [191?].
17 REVISTA FEMININA. São Paulo : [s.n.], n.72, 1920.
18 CORREIO DO CAMPO. Tietê : [s.n], n.37, 1938.
19 VEJA NA SALA DE AULA. São Paulo : Abril, n.40, 2002.
20 REVISTA FEMININA. São Paulo : [s.n.], n.31, 1916.

QUEM É O CAIPIRA?

1 GERODETTI, João Emílio ; CORNEJO, Carlos. *Lembranças de São Paulo:* o interior paulista nos cartões postais e álbuns de lembranças. São Paulo : Solaris, 2003.
2 PIRES, Cornélio. *Humor caipira:* patacoadas, anedotas, simplicidades e astúcias de caipiras. Itu : Ottoni, 2002
3 FONSECA, Cristina. *Juó Bananére:* o abuso em blague. São Paulo : Ed. 34, 2001.
4 SALIBA, Elias Thomé. *Raízes do riso.* São Paulo : Cia das Letras, 2002.
5 Capa da 12ª Edição do almanaque Jeca Tatuzinho, 1941. Acervo Companhia da Memória. Monteiro Lobato

HOJE É DIA DE FESTA

1 Acervo particular Daniela Roque Soares da Silva
2 Nosso Século. São Paulo : Abril Cultural, 2001. vol.1.
3 NEPOMUCENO, Rosa. *Música caipira:* da roça ao rodeio. São Paulo : Ed. 34, 1999.

REVISTAS E ALMANAQUES

1 MEYER, Marlyse (org.). *Do almanak aos almanaques.* São Paulo : Ateliê Editorial, 2001.
2 MARTINS, Ana Luiza. *Revistas em revista.* São Paulo : EDUSP ; IMESP, 2001.

A CIDADE DE SÃO PAULO

1 DIMENSTEIN, Gilberto ; Souza, Okky de. *450 anos luz:* Comgás. São Paulo : Cultura, 2003.
2 FREITAS, Affonso A. *Tradições e reminiscências paulistanas.* 3.ed. São Paulo : Governo do Estado, 1978. (Coleção Paulística ; v. 8)
3 São Paulo, 2004. Associação Viva o Centro, 2004
4 YVES, Pedro. *Anúncios paulistanos.* São Paulo : Referência, 2004.
5 CADERNOS de fotografia brasileira: São Paulo 450 anos. São Paulo : Instituto Moreira Salles, 2004.
6 Academia de Direito. [s.l. ; s.n.], [s.d.]. 1 cartão postal. Acervo do Museu Paulista da USP

A MODERNIDADE FOI CHEGANDO

1 Nosso Século. São Paulo : Abril Cultural, 2001.
2 Nosso Século. São Paulo : Abril Cultural, 2001. vol. 2.
3 ANDRADE, Mario de. *Poesias completas.* São Paulo : Círculo do Livro, 1976
4 Hotel Esplanada. [s.l. ; s.n.], [s.d.]. 1 cartão postal. Acervo do Museu Paulista da USP
5 Largo de São Bento. [s.l. ; s.n.], [s.d.]. 1 cartão postal. Acervo do Museu Paulista da USP
6 YVES, Pedro. *Anúncios paulistanos.* São Paulo : Referência, 2004.
7 A Platéa. São Paulo :[s.n.], n.220, 1912.
8 Nosso Século. São Paulo : Abril Cultural, 2001. vol. 2.
9 REVISTA FEMININA. São Paulo : [s.n.], n.69, 1920.
10 ALVIM, Zuleika ; PEIRÃO, Solange. *Mappin setenta anos.* São Paulo : Ex Libris, 1985.
11 SELEÇÕES do Reader"s Digest. Rio de Janeiro : Ypiranga, jan /1947
12 SELEÇÕES do Reader"s Digest. Rio de Janeiro : Ypiranga, jun/1942
13 SELEÇÕES do Reader"s Digest. Rio de Janeiro : Ypiranga, abr/1953
14 SELEÇÕES do Reader"s Digest. Rio de Janeiro : Ypiranga, maio/1942
15 SELEÇÕES do Reader"s Digest. Rio de Janeiro : Ypiranga, jan/1953.